Das große Buch von den kleinen Römern

Die in diesem Buch enthaltenen Lieder von Paul G. Walter und einige der Geschichten, gelesen von Rolf Krenzer, gibt es auch auf der CD und MC *Lieder und Geschichten von den kleinen Römern*, erschienen im Ellermann Verlag, Hamburg. Spieldauer ca. 60 Minuten.
CD 3-7707-4209-5
MC 3-7707-4210-9

In gleicher Ausstattung wie *Das große Buch von den kleinen Römern* gibt es die Bände von Rolf Krenzer *Das große Buch von den kleinen Indianern*, *Das große Buch von den kleinen Rittern* und *Das große Buch von den kleinen Wikingern*, alle illustriert von Mathias Weber, erschienen im Ellermann Verlag, Hamburg, und dazu jeweils die CDs und MCs *Lieder und Geschichten von den kleinen Indianern/Rittern/Wikingern*.

© Verlag Heinrich Ellermann, Hamburg 2000
Alle Rechte vorbehalten
Einband und Illustrationen: Mathias Weber
Druck und Bindung: J. P. Himmer, Augsburg
Printed in Germany 2000

ISBN 3-7707-3117-4

Rolf Krenzer

Das große Buch von den kleinen Römern

Mit Bildern von Mathias Weber
und Liedern von Paul G. Walter

Ellermann

Inhaltsverzeichnis

Warten auf Crispinus 6

Schulanfänger müssen sich allein anziehen können 9

Es gibt so viel zu bedenken 12

Musst du erst noch mal aufs Klo? 14

Der Schulweg 16

Angst vor der Schule 19

Der ABC-Song *(Lied)* 20

Der erste Schultag 22

Ein Tag voller Überraschungen 27

Die Bauleute von Rom *(Lied)* 28

Eine Überraschung 30

Kochen und essen wie die Römer 32

Romulus und Remus *(Lied)* 34

Der Spielzeugladen unter dem Claudius-Äquadukt 36

Spielen wie die Römerkinder 40

Sag mir, wie weit darf ich reisen? *(Lied)* 42

Ein Gespräch unter Brüdern 44

Bei Emil zu Hause 46

Ein Mosaik basteln 48

Heiß ersehnter Besuch 50

Die Seeräuber vom Mittelmeer *(Lied)* 53

Das Wagenrennen im Circus Maximus 56

Wieder Abschied nehmen 62

Im Amphitheater *(Lied)* 66

Morgen wird der Vater heimkommen 68

Ein Triumphzug durch das Siegestor 71

Wir spielen wie Römer und ziehen uns wie Römer an 76

Warten auf den Vater 78

Die Ballade vom fußkranken Legionär *(Lied)* 80

Ein Sklavenjunge 83

Sigurdus soll ein freier Römer werden 85

Alle Wege führen nach Rom 87

Ein Schiff kommt übers Meer daher *(Lied)* 88

Ein Haus am Akazienhain 91

Zu den Geschichten dieses Buches 94

Warten auf Crispinus

Amandus stand auf dem Balkon und blickte in den Innenhof des Mietshauses hinunter. Es war noch sehr früh am Morgen. Obwohl der Herbst bereits angefangen hatte, schien die Sonne warm vom blauen Himmel herunter. Es würde doch wieder ein heißer Tag werden.

Im Hof standen ein paar Männer zusammen und redeten. Zwei Sklavinnen kamen mit Wasserkrügen, trugen sie quer über den Innenhof und verschwanden dann mit ihnen in dem Bogengang, von dem aus die Treppe nach oben zu den Wohnungen führte.

Amandus wartete sehnsüchtig auf Crispinus. Crispinus, der alte Sklave, hatte ihn heute Morgen geweckt und gerufen: »Heute ist ein ganz besonderer Tag für dich! Dein erster Schultag!«

»Endlich!« Amandus war mit einem Satz von seiner Liege gesprungen.

Amandus war stolz darauf, dass sein Vater diesen schwarzen Crispinus ausgerechnet für ihn bestimmt hatte. »Am besten gefällt mir dein weißes krauses Haar!«, hatte er einmal gesagt. Crispinus hatte gelacht und gemeint: »Das ist nur so weiß, weil ich so alt geworden bin. Früher war es so schwarz wie bei allen Schwarzen! Und Crispinus heißt ja nichts anderes als Krauskopf. So hat mich dein Großvater bereits genannt, als er mich auf dem Sklavenmarkt am Hafen gekauft hat.«

Crispinus hatte ganz feuchte Augen bekommen, als er weitererzählt hatte: »Dein Großvater Vitus war ein guter Mann. Besser konnte ich es nicht treffen. Ich durfte sogar heiraten. Ich war auch der Lieblingssklave deines Vaters. Und als dein Vater heiratete, da hat er mich mitgenommen. Und jetzt gehöre ich dir!«

»Du gehörst zu mir!«, hatte Amandus ihn verbessert. »Kannst du dich noch an Afrika erinnern?«, hatte er dann gefragt.

»Natürlich! Ich war ja bereits ein junger Mann, als sie mich mit dem Schiff nach Ostia brachten.«

»Deshalb heißt deine Tochter auch Afra!«, hatte Amandus festgestellt.

Da hatte der alte Sklave ihm lächelnd zugenickt. »Heute gibt es auch ein festliches Frühstück. Nicht wie sonst nur Brot und Käse!«

Schon hatte er sich einen Korb gepackt und war gegangen. Jetzt beugte sich der Junge so weit über den Balkon, wie er nur konnte. Die Männer unten im Hof hatten sich in den Schatten verzogen. Dort standen sie noch und sprachen miteinander. Jetzt flitzten zwei Mädchen über den Hof,

spritzten sich kreischend gegenseitig am Brunnen nass und rannten dann prustend und lachend zurück zum Bogengang. Amandus war froh, dass sie diesen großen Balkon hatten. Balkone hatten nur die Wohnungen im zweiten Stock. Ihre war sehr schön und bestand aus vielen Räumen. Aber die Toilette mussten sie sich im Erdgeschoss mit anderen Mietern teilen. Im Erdgeschoss unter ihnen waren auch die Verkaufsläden. Das Mietshaus war in einem großen Viereck gebaut. In der Mitte war der Hof, und nach allen Seiten gab es die kleinen Läden zur Straße, die alles anboten, was man kaufen wollte. Sie bestanden nur aus einem einzigen Raum ohne Fenster. Ein Vorhang trennte den Laden von der Straße. Viele Händler wohnten und lebten mit ihrer ganzen Familie in ihrem Laden. Wer wohlhabender war, mietete eine Wohnung im dritten oder vierten Stock im selben Mietshaus.

Die Wohnungen im dritten und vierten Stock waren kleiner und hatten noch nicht einmal eine Küche. Die Bewohner mussten jeden Tag das Essen von einer Garküche holen oder in ein Gasthaus oder in eine Taverne unten im Haus zum Essen gehen. Ganz oben unter dem flachen Dach war es am engsten. Dort schliefen die Diener und Sklaven. Tagsüber arbeiteten sie in den Wohnungen ihrer Herrschaften.

Mutter sagte immer, dass der Vater diese teure Wohnung nur deshalb hatte mieten können, weil er sich in den beiden letzten Feldzügen besonders ausgezeichnet hatte. Amandus war stolz auf Laetus, seinen Vater. Aber er selbst würde niemals Krieger oder Anführer einer Kohorte werden wollen, nicht einmal ein berühmter Feldherr. Beatus, sein großer Bruder, war nach seiner Schulzeit mit vierzehn Jahren bereits zur Militärschule übergewechselt und wollte einmal Offizier werden wie sein Vater.

Von Crispinus war immer noch nichts zu sehen. Bestimmt war er zu Jucunda gelaufen, der Händlerin am Anfang der Hafenstraße, die von Rom zum Hafen Ostia führte. Sie führte ein recht großes Geschäft und hatte immer das frischeste Obst und die knusprigsten Backwaren. Die Mutter schickte auch die Sklavinnen immer zu Jucunda zum Einkaufen. Bei ihr konnte sie sicher sein, sie packte den Sklavinnen kein vergammeltes Obst und Gemüse unten in den Korb und war stets darauf bedacht, ihre Kunden zufrieden zu stellen.

Schulanfänger müssen sich allein anziehen können

Aus der Wohnung hörte Amandus die Stimmen seiner Mutter und der Geschwister. Er begegnete einer Sklavin, die mit einem Wasserkrug in der Hand und ein paar Tüchern über dem Arm aus Olivias Zimmer kam. Die Mutter hatte also die Morgentoilette gleich beendet. Als er eintrat, saß Olivia noch in der Tunika, dem Untergewand, in ihrem Sessel, der kunstvoll aus Rohr gefertigt war. Sie nickte ihm freundlich zu, konnte aber ihren Kopf kaum bewegen. Sophia, ihre Lieblingssklavin, war nämlich dabei, ihr langes schwarzes Haar sorgsam zu bürsten und in eine schöne Frisur zu bringen. Eine zweite Sklavin stand schräg vor ihr und hielt ihr einen Handspiegel so hin, dass sie sich ohne Verrenkungen gut sehen konnte.

Vor ihr spielten seine jüngeren Geschwister Ursula und Rogatus mit einem Kätzchen, das sie vor ein paar Tagen bekommen hatten. Und die kleine Clara rutschte mit nacktem Po um sie herum und hätte gar zu gern mitgespielt.

»Amandus bist du fertig?«, fragte ihn die Mutter und musterte Amandus von oben bis unten.

»Du hast doch hoffentlich die Toga allein angezogen und dir nicht von Crispinus helfen lassen!«

Für einen Augenblick war er fast beleidigt. Dann sagte er: »Das ist doch kinderleicht! Über die linke Schulter, um den Rücken herum, unter dem rechten Arm in den Gürtel und wieder über die Schulter!«

Olivia musste lächeln als sie ihm zusah. Er zeigte mit seinen beiden Händen, wie er seine Kinder-Toga mit rotem Purpursaum über die linke Schulter geworfen hatte und sich dann weiter angezogen hatte.

»Gut!«, lachte sie laut. »Aber die Sandalen? Was ist mit den Sandalen?«

»Die Schleife klappt immer noch nicht«, antwortete Amandus leise. »Crispinus wird mir helfen, wenn er zurückkommt!«

»Wer zur Schule gehen will«, meinte Olivia, »der sollte eigentlich auch die Riemen binden können!«

»Ich lerne es bestimmt noch!«, versprach Amandus hoffnungsvoll.

»Beatus hat es auch erst gelernt, als er ein paar Tage in der Schule war!«

Mutter verzog ein wenig das Gesicht, als sie plötzlich an ihren Ältesten denken musste.

Genauso war es gewesen, als er zu seinem ersten Tag in der Schule aufgebrochen war. An seinem vierzehnten Geburtstag hatte er dann seine erste Männertoga bekommen. Da war auch die Schule zu Ende

und Beatus war zur Militärschule gewechselt. Jetzt kam er nur manchmal noch am Wochenende nach Hause.

»Aber Cornelia«, sagte sie dann, »die konnte alles viel früher als ihr beide. Sie war ein Jahr jünger als Beatus und hätte schon mit ihm zur Schule gehen können.« Sie war nicht so oft in der Schule gewesen, weil sie viel lieber mit Nikomedes gelernt hatte. Ihre Eltern hatten eingewilligt. Und als Cornelia gerade vierzehn war, da hatte sie Quirinus geheiratet und war mit ihm weggezogen. Sie hatte inzwischen zwei Kinder, aber weder seine Eltern noch Amandus hatten sie bisher gesehen. Sie wohnten in der Provinz Gallien. Quirinus führte eine Hundertschaft Legionäre an. Er musste dafür sorgen, dass die römische Provinz nicht in innere Streitigkeiten und Kämpfe an der Grenze verwickelt wurde. Römer sollten hier so sicher wie in Rom selbst leben können.

Die Mutter wandte sich wieder Sophia zu, die Puder und Creme von dem Tischchen genommen hatte und nun abwartend vor ihr stand.

»Ich schau mal nach, ob Crispinus jetzt kommt!«, rief Amandus und lief noch einmal zum Balkon. Gegenüber war das Tor, das von draußen in den Innenhof führte. Und dort kam jetzt der alte Sklave herein. Er trug zwei schwere Körbe. In jeder Hand einen. Als er hochblickte und den Jungen auf dem Balkon entdeckte, stellte er einen Korb hin und winkte ihm.

»Ich komme!«, rief Amandus und rannte ihm sogleich entgegen die Treppe hinunter. Als er ihn erreichte, wollte er ihm gleich einen Korb abnehmen. Doch Crispinus wehrte seine Hilfe entschieden ab.

»Nein, junger Herr!«, sagte er fast unwirsch. Er packte den Korb fest am Henkel und ging mit schnellen Schritten die Treppe hinauf. Amandus merkte nur zu gut, wie schwer ihm das mit den beiden voll beladenen Körben fiel. Als sie oben angelangt waren, setzte er für einen Augenblick beide Körbe ab. »Niemals darfst du die Körbe eines Sklaven tragen, der dir gehört!«, sagte er leise.

»Du bist mein Crispinus!«, antwortete Amandus schnell. »Du gehörst mir nicht, aber du gehörst zu mir!«

Da lächelte ihm der Schwarze zu und wischte sich mit den Handrücken über die Augen. Sie wurden so schnell feucht. Dann packte er die Körbe und trug sie zu dem großen Raum, in dem alle Mahlzeiten eingenommen wurden. Die Sklavinnen hatten schnell den Tisch gedeckt. Das festliche Frühstück konnte beginnen.

Es gibt so viel zu bedenken

»So bequem wie heute geht es nicht weiter!«, meinte Sophia, als alle satt waren. Es war ein wirklich festliches Frühstück gewesen. »Das letzte festliche Frühstück hatten wir hier, als euer Vater heimkam.«
Sie wandte sich an Amandus. »Ab morgen wirst du nicht mehr zu Hause frühstücken!«
Amandus wollte gerade eine dicke blaue Traube in den Mund stecken und blickte sie fassungslos an.
»Kriegt man kein Frühstück mehr, wenn man in die Schule geht?«, fragte er.
»Nicht mehr zu Hause!«, lachte Olivia und freute sich sichtlich über sein Erstaunen.
»Die Schüler müssen so früh aus dem Haus gehen, dass sie dann noch nicht frühstücken können!«
Amandus nickte stumm. Er erinnerte sich auf einmal daran, dass Beatus an den Wochentagen, wenn er zur Schule musste, auch nicht mit ihnen gefrühstückt hatte. Das waren ja schöne Aussichten!
»Du wirst nicht verhungern!«, lachte seine Mutter. »Auf dem Schulweg kehrst du mit Crispinus in einem Gasthaus ein und lässt dir dort ein Frühstück bringen!«
»Machen das alle Schüler so?«, Amandus blicke seine Mutter zweifelnd an.
»Ich glaube schon!«, sagte sie.
Jeden Morgen etwas in einer Taverne essen. Das war das Schönste, was sich Amandus vorstellen konnte.
»Kennst du so eine Taverne?«, wandte er sich an Crispinus.
»Vielleicht das ›Kännchen‹ oder den ›Goldenen Schlüssel‹!«, meinte dieser.
»Das ›Kännchen‹ ist nicht schlecht!«, meinte Olivia. »Da hat auch Beatus immer gefrühstückt!«
»Und Crispinus geht immer mit mir zur Schule?«, fragte er dann.
Seine Mutter nickte. »Ich lasse dich doch nicht allein gehen! Es kommt immer mehr Gesindel nach Rom. Allerlei seltsames Volk, das auch etwas von dem Glanz Roms abhaben will. Taschendiebe, Betrüger, Spieler und Kriminelle!«
Sie holte tief Atem. »Erst in der letzten Woche ist Candida, die Frau des Senators Tullius, auf offener Straße beraubt worden. Die kostbare Halskette, die Ringe und die kleine wertvolle Ledertasche mit Edelsteinen, alles haben sie ihr abgenommen. Mitten in der Stadt. Dort, wo der Verkehr am dichtesten ist.« Sie seufzte. »Warum hat sie sich nur nicht in der Sänfte tragen lassen! Dann wäre nichts passiert!«
»Mich beraubt doch keiner!«, lachte Amandus. »Ich habe doch keine Halsketten und Ringe bei mir!«

»Und wenn sie am Ende dich rauben wollen?«, fragte Lucius mit weit aufgerissenen Augen.

»Die Eltern, die ihre Söhne in die Schule schicken, geben ihnen auch immer einen Pädagogen mit«, entgegnete Olivia bestimmt. »Und du gehst mit Crispinus!«

»Bitte, was ist ein Pädagoge?«, mischte sich nun Crispinus ein, der bisher schweigend hinter Amandus gestanden und zugehört hatte.

»Er begleitet den Schüler zur Schule und holt ihn mittags dort auch wieder ab. Am Anfang trägt er für ihn die kleinen Wachstafeln und die Griffel. Später dann auch noch den Abakus, die Rechenmaschine, mit der du rechnen lernst. Und dann, wenn du richtig lesen und schreiben kannst, auch noch die Schriftrollen, Federn und Tusche. Ist es dunkel, trägt er die Laterne. Er passt eben auf, dass dem Kind nichts passiert!«

»Einen Abakus will Nikomedes heute noch für dich besorgen! Dazu ein paar haltbare Bronzegriffel«, fügte sie hinzu. »Er hat dich ja auch in der Schule angemeldet und dem Lehrer das Unterrichtsgeld für den ersten Monat gegeben!«

Die Mutter wartete, bis alle aufgegessen hatten, dann stand sie auf und nahm Amandus in den Arm.

»Ihr müsst jetzt gehen! Am ersten Schultag beginnt zwar die Schule später. Aber zu spät brauchst du auch nicht zu kommen!«

Amandus nickte.

»Die Götter mögen dich segnen!«, sagte Olivia mit ernster Stimme. »Gib gut auf ihn Acht!«, rief sie dann Crispinus zu.

»Natürlich, Herrin!«, antwortete Crispinus. Olivia ließ den Jungen los. Sie ging zur Tür und die Kinder folgen ihr. Die Sklavinnen begannen damit, den Tisch abzuräumen.

»Dein Pädagoge wartet auf dich!«, sagte Crispinus und nahm das Päckchen, das er sich vorhin schon bereitgelegt hatte. Wachstäfelchen und Stifte würde er heute für Amandus mitnehmen. Morgen käme vielleicht noch die Rechenmaschine dazu. Die würde Nikomedes bestimmt heute noch besorgen.

Musst du erst noch mal aufs Klo?

»Musst du erst noch mal aufs Klo?«, fragte Crispinus dann, als sie nebeneinander die Treppe hinuntergingen. »Wir brauchen einige Zeit, bis wir an der Schule sind!«
Vor Aufregung war Amandus heute Morgen noch überhaupt nicht auf der Toilette gewesen. Er hatte das glatt vergessen.
»Wartest du?«, fragte er. »Ich bin gleich wieder hier!« Dann stürmte er zu der geräumigen Gemeinschaftstoilette im Erdgeschoss.
An den Wänden entlang waren Steinbänke mit ausgemeißelten Löchern, auf die man sich setzen konnte. Ein unterirdischer Wasserlauf, der direkt unter den Klobänken floss, spülte sofort allen Unrat weg.
Zwei ältere Männer hockten nebeneinander und waren eifrig dabei, über die Neuigkeiten zu sprechen, die sie heute Morgen erfahren hatten. Sie kümmerten sich gar nicht um den Jungen, als er hereinkam. Aber drüben auf der anderen Seite direkt unter dem großen Fenster hockte Rufus auf dem Klo und winkte ihm zu. Gleich hob Amandus Tunika und Toga so hoch, dass er sich bequem auf dem Sitzloch neben Rufus niederlassen konnte.
Zunächst waren beide Jungen schweigend mit sich selbst beschäftigt, dann fragte Rufus: »Du gehst heute zur Schule?«

Amandus nickte stumm.
»Schade!«, sagte Rufus dann.
»Warum schade?«
»Weil ich nicht mitkommen kann!«
»Hast du noch einmal mit deinem Vater gesprochen?«
Rufus schüttelte den Kopf. »Er verdient mit dem Frisörgeschäft gerade so viel, dass wir uns die Wohnung über euch im vierten Stock leisten können. Aber Geld für die Schule, nein, das hat er nicht. Und außerdem soll ich ja wie er Frisör werden.«
»Echt schade!«, sagte Amandus und sah den Freund traurig von der Seite an. »Aber ich kann dir ja nachmittags alles beibringen, was ich in der Schule gelernt habe«, meinte er.
Er überlegte kurz und sagte dann: »Nikodemus hat mir ja auch schon eine ganze Menge beigebracht. Jeden Tag kam er für zwei Stunden zu uns. Da waren wir beide ganz allein, er und ich.«
»Nikodemus ist auch ein Lehrer«, meinte Rufus zögernd. »Er kann so etwas!«
»Er ist unser Hauslehrer und hat mich ein ganzes Jahr lang für die Schule vorbereitet«, berichtete Amandus. »Er hat mir von den Göttern erzählt, von der Geschichte Roms und von den vielen Ländern, die es auf der Welt gibt.«

»Aber jetzt ist er arbeitslos geworden.«
Rufus blickte seinen Freund fragend an.
»Jetzt, wenn du in die Schule gehst!«
Da musste Amandus so laut lachen, dass
die Männer von gegenüber ärgerlich zu ihm
hinsahen. »Vorläufig wird er bestimmt nicht
arbeitslos!«, sagte er. »Er hat Beatus, meinen großen Bruder, so lange unterrichtet,
bis er zur Militärschule ging. Danach viele
Jahre lang Cornelia, meine große Schwester. Meine Eltern wollten, dass sie mehr
lernen sollten als Lesen, Schreiben und
Rechnen. Mehr lernt man in der Grundschule nicht. Wenn sie aus der Schule
kamen, hat der Hauslehrer nachmittags
wieder mit ihnen gearbeitet. Heute
Nachmittag arbeitet er zum ersten Mal
mit Lucius. Und dann sicher noch eine
Stunde mit mir.«
Amandus nickte Rufus zu. »Es macht mir
Spaß, mit Nikodemus zu lernen. Er ist so
klug und er kann mir alles so erklären, dass
ich es schnell verstehe. Und wenn Lucius
dann in die Schule kommt, dann arbeitet
er bestimmt mit Ursula. Und nach Ursula
kommen noch Rogatus und Clara!«, antwortete Amandus stolz. »Also so schnell
wird Nikomedes nicht arbeitslos!«
»O weh!« Rufus zuckte zusammen. »Mein
Vater wartet auf mich! Ich soll die Haare
im Laden auffegen. Und dann soll ich
Wasser vor unserem Geschäft ausgießen
und verteilen. Es ist schon wieder heiß
geworden. Da muss man viel Wasser

ausgießen, damit es nicht so sehr staubt!«
Er hob seine Toga etwas hoch und
säuberte sich mit dem Wasser, das dafür
bereitstand.
»Bis später!«, rief er Amandus zu. »Und er-
zähl mir heute Nachmittag, ob das wirklich
stimmt, dass man in der Schule immer geschlagen wird, wenn man einmal etwas
nicht kapiert!«
Als Amandus dann hinausging, musste er
daran denken, was Rufus von den Schlä-
gen gesagt hatte. Er selbst hatte auch
schon oft davon gehört. Nur sein Bruder
hatte nie etwas davon erzählt. Aber vielleicht wollte er ihm auch keine Angst
machen.

Der Schulweg

»Ich bin so weit!«, sagte Amandus dann, als er durch das Tor kam und neben Crispinus auf der Straße stand.

»Es wird auch Zeit!«, meinte sein Pädagoge und ging mit schnellen Schritten los. Hier in ihrem Wohnbezirk war das Gedränge auf der Straße schon recht groß. Überall in den Erdgeschossen der großen Mietshäuser gab es ganz unterschiedliche Läden. Und die lockten auch viele Kunden an. Amandus hätte so gern kurz bei dem Perückenmacher, bei dem Schneider oder gar bei dem Laden mit den vielen Krügen und Vasen aus Ton angehalten. Aus der Backstube der Bäckerei duftete es herrlich nach frischem Brot. Wenn man am Eingang stehen blieb, konnte man zusehen, wie die frischen Brote aus dem Backofen geholt wurden.

Doch Crispinus zog ihn am Arm unerbittlich weiter. »Wir haben noch ein Stück zu laufen!«, sagte er.

Je tiefer sie in die Stadt kamen, umso mehr Menschen waren auf den Straßen. Nikomedes hatte Amandus einmal erzählt, dass Rom die größte Stadt der Welt war. Fast eine Million Menschen sollten hier leben. So viele Menschen konnte sich Amandus nicht vorstellen. Aber als er sich durch die voll gedrängten Straße hindurchkämpfte,

hatte er schon den Eindruck, dass er so viele Menschen auf einmal noch nie gesehen hatte. Da musste man schon gut aufpassen, dass man höchstens angerempelt, aber nicht umgestoßen wurde. Vor allem durften sich Amandus und Crispinus in dem Gedränge von Menschen und Tieren nicht verlieren.

»Vorsicht!«, rief Crispinus und zog Amandus zur Seite. Acht Sklaven trugen eine Sänfte durch die Straße. Die Vorhänge waren zugezogen. Niemand konnte sehen, wer es war, der so bequem durch Rom getragen wurde.

Jetzt zog Amandus den Sklaven mit aller Kraft auf die Straße hinaus. Er hatte gerade noch rechtzeitig gesehen, dass eine Frau einen Topf voll Abfall und Unrat von oben aus dem Fenster auf die Straße schüttete. Ein paar Leute schimpften, als sie getroffen wurden. Andere machten so wie Amandus und Crispinus einen großen Bogen um den Abfallhaufen herum.

Dann gingen sie hinter einem Pferd her, weil man so schneller vorankam. Als das Pferd aber plötzlich stehen blieb und sich entleerte, sprangen sie zur Seite, um nicht getroffen zu werden.

Nun blieb Amandus wie erstarrt vor einem Laden stehen. Er hatte drei Kinder entdeckt, alle drei etwa so groß wie er selbst. Sonderbar war nur, dass sie alle von seltsamer weißlicher Farbe waren. Die Gesichter und Hände weiß. Weiß auch die Kleider, die sie trugen. Es war ein ganz anderes Weiß. Kein so leuchtendes Weiß wie das von seiner Toga.

»Sind sie tot?«, flüsterte Amandus und versuchte ihren starren Blicken auszuweichen.

»Dann könnten sie nicht so ruhig stehen. Sie müssten so wie Tote liegen«, meinte Crispinus.

»Sie sind aus Marmor!«, sagte er dann. »Von einem Bildhauer aus Marmor angefertigt.«

»Ich hätte geglaubt, sie leben«, sagte Amandus. »Wenn sie nicht so weiß wären, könnte man das annehmen.«

»Ein Bildhauer hat sie so aus Marmor gestaltet, wie sie wirklich waren«, flüsterte Crispinus. »Es sind lebensechte Statuen!«

»Ich würde mir kein Denkmal in den Garten stellen!«, meinte Amandus. »Es muss doch schrecklich sein, wenn man sich immer wieder begegnet!«

»Und nie älter wird…«, fügte Crispinus hinzu. »Kaiser und berühmte Feldherrn lassen sich gern in solch einem Denkmal darstellen. Vielleicht fändest du es ja doch schön, wenn die Leute am Gartentor stehen blieben und die Statue von dir besichtigten!«, spottete Crispinus.

»Erstens gefällt mir das gar nicht!«, antwortete Amandus schroff. »Und zweitens haben wir auch keinen Garten!«

»Aber wenn ich einen Garten hätte«, fuhr er fort, »dann müsste dich ein Bildhauer lebensecht aus Marmor meißeln. Deine Statue würde ich in meinen Garten stellen.«

»Aber aus schwarzem Marmor!«, lachte Crispinus. Er war kein bisschen beleidigt.

»Schade, dass du noch nicht lesen kannst, was auf dem Schild steht!«, meinte er.

»Bald kann ich richtig lesen!«, antwortete der Junge. »Es dauert nicht mehr lange!« Dann zog er Crispinus schnell an dem nächsten Eingang vorbei. »Hast du das gelesen?«, fragte er und zeigte auf ein großes Mosaik an einer Hauswand neben dem Eingangstor, das einen wilden Hund mit fletschenden Zähnen zeigte.

»Vorsicht, bissiger Hund!«, sagte der Sklave. »Das kann nur so heißen!« Als darauf Amandus schnell weiterwollte, fügte er noch hinzu. »Du brauchst keine Angst zu haben. Meistens ist überhaupt kein Hund da. Die Leute hängen solche Bilder von bissigen Hunden auf, damit sie Räuber und Einbrecher abschrecken. Aber jetzt komm! Wir müssen weiter!« Er bog in eine breite Straße ein und sie hatten das Forum vor sich.

O wie liebte Amandus diesen großen Platz. Er war schon mehrmals hier gewesen. Einmal sogar, als der Feldherr seines Vaters von dem Kaiser öffentlich geehrt worden war. Mit den wichtigsten Hauptleuten seiner Legion war er in seiner prächtigen

Kriegskleidung durch einen Triumph-
bogen eingezogen und hatte vor dem
Kaiser und den Senatoren angehalten. Er
war von seinem Pferd gestiegen. Demütig
hatte er seinen Kopf gebeugt und sich den
Lorbeerkranz umhängen lassen. Und
Laetus, sein Vater, war mit ihm hoch zu
Pferd durch den Triumphbogen geritten.
Er hatte neben ihm gestanden, als der
Kaiser seinen Feldherrn so geehrt hatte.
So hatte er auch einen Teil dieser großen
Ehre erhalten.
Hier standen auch die Tempel und die
Basiliken, die großen Amts- und Gerichts-
gebäude, in denen die Gerichte ihre Ver-
handlungen führten. Daneben ebenso
große Geschäftsgebäude, in denen die

wichtigen Handelsgeschäfte mit dem
Römischen Reich und seinen vielen
Provinzen abgeschlosssen wurden.
Auf dem Forum hielten alle, die sich um
ein öffentliches Amt bewarben, ihre Reden. Einmal war Amandus mit seinen
Eltern dabei gewesen. Es war genauso ein
Gedränge wie jetzt. Aber die Reden
hatten ihn nicht interessiert, und er hatte
versucht, seinen Vater weiterzuziehen. Crispinus nahm ihn am Arm. »Wir müssen in
diese Straße einbiegen!«
Sie gingen eine Weile, bis die Straße enger
wurde. Dann bog Crispinus in eine Gasse
ein und hielt endlich vor einem Laden an.
»Hier ist die Schule?« Amandus konnte es
nicht glauben.

Angst vor der Schule

Jetzt, als sie nun endlich da waren, spürte Amandus plötzlich die Angst in sich hochsteigen. Wie war das nun mit der Schule? Gab es wirklich so schlimme Schläge?

»Du hast doch dem Lehrer das Geld gebracht!«, flüsterte er. »Ist er nett, der Lehrer?« »Hm!«, brummte Crispinus. »Er ist alt!«, sagte er dann. »Nicht so einer wie Nikomedes!«

»O!« Amandus zog etwas Luft zwischen seinen Zähnen in den Mund.

»Er heißt Corvinus. Corvinus so wie der Rabe«, meinte Crispinus dann. »Früher soll er Soldat gewesen sein. Faustkämpfer oder Gladiator. Jedenfalls ist er jetzt zu alt dazu. Deshalb hat er die Schule gegründet.« Amandus blickte stumm um sich.

»Erschrick nicht, wenn du hineinkommst!« So nach und nach rückte Crispinus mit allem heraus, was er wusste. »Er braucht viele Schüler, um von dem Geld leben zu können, das ihm die Eltern bezahlen.«

»Wie viel?«

»Wie viel Geld?«

Amandus schüttelte den Kopf. »Wie viele Schüler?«

»Mindestens dreißig oder vierzig!«

»Oh, Jupiter!«, stöhnte Amandus. Er war bisher immer nur mit seinen Geschwistern und mit den Freunden aus dem Mietshaus zusammen gewesen. So viele fremde Schüler machten ihm Angst.

»Es ist der erste Tag nach den Sommerferien!«, versuchte Crispinus ihn zu trösten. »Da sind bestimmt viele Schüler, die wie du heute anfangen!«

Dann schob er den Jungen behutsam, aber bestimmt zu dem nächsten Eingang.

»Ich will doch einmal ein Senator werden!«, jammerte Amandus. »Dann muss ich doch eigentlich in die Schule des Grammatikers oder zum Unterricht in der Redekunst!«

»Zuerst musst du in die Grundschule!«, sagte Crispinus. »Wenn du die Grundkenntnisse richtig beherrschst, dann kannst du in eine andere Schule gehen.«

»Was sind Grundkenntnisse?« Amandus stemmte sich gegen den Arm des Sklaven, sodass sie für einen Augenblick anhalten mussten.

»Lesen, Schreiben und Rechnen!«, erhielt er zur Antwort.

Der ABC-Song

Text: Rolf Krenzer   Musik: Paul G. Walter

Refrain

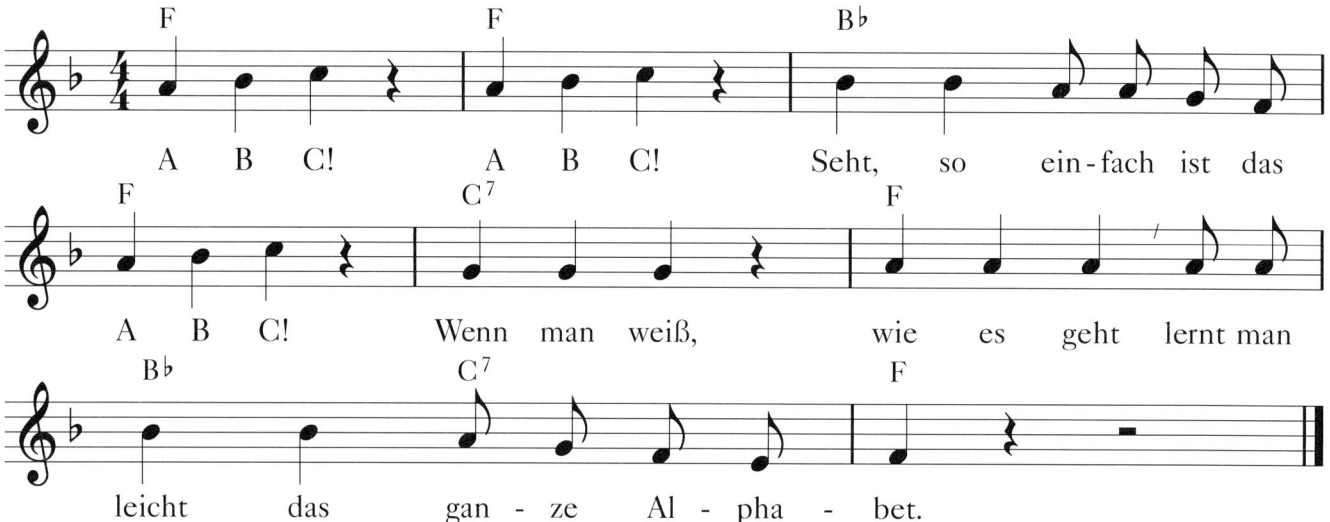

A B C! A B C! Seht, so ein-fach ist das

A B C! Wenn man weiß, wie es geht lernt man

leicht das gan - ze Al - pha - bet.

2. ABC! ABC!
Seht, so einfach ist das ABC!
Wenn man weiß,
wie es geht,
lernt man leicht das ganze Alphabet.

3. D ist der Daumen,
die Erde: E
F ist der Fisch
die Gräte: G.

4. ABC! ABC!
ABCDEFG!
Seht, so einfach ist das ABC!
ABC! ABC!
Seht, so einfach ist das ABC!
Wenn man weiß,
wie es geht,
lernt man leicht das ganze Alphabet.

5. H ist der Hase,
I die Idee.
J ist der Juni
und K der Klee.

6. ABC! ABC!
ABCDEFG!
HIJ und K wie Klee.
Seht, so einfach ist das ABC!
ABC! ABC!
Seht, so einfach ist das ABC!
Wenn man weiß,
wie es geht,
lernt man leicht das ganze Alphabet.

7. L ist die Laus
M, die Maus, oho!
Nord Ost N O
und P der Po.

8. ABC! ABC!
ABCDEFG!
HIJK LMNOP!
Seht, so einfach ist das ABC!
ABC! ABC!
Seht, so einfach ist das ABC!
Wenn man weiß,
wie es geht,
lernt man leicht das ganze Alphabet.

9. Q ist der Quark
R das scheue Reh
S wie Spaghetti
und T wie Tee.

10. ABC! ABC!
ABCDEFG!
HIJK LMNOP!
Jetzt noch Q R S und T
Seht, so einfach ist das ABC!
ABC! ABC!
Seht, so einfach ist das ABC!
Wenn man weiß,
wie es geht,
lernt man leicht das ganze Alphabet.

11. U ist der Uhu
V das Vogel-V.
W das sind WIR.
Und wir sind schlau!

12. ABC! ABC!
ABCDEFG!
HIJK LMNOP!

Q R S T und noch U V W.
Seht, so einfach ist das ABC!
ABC! ABC!
Seht, so einfach ist das ABC!
Wenn man weiß,
wie es geht,
lernt man leicht das ganze Alphabet.

Ohne X und Y und Z
wär' das Ganze nicht komplett!

13. ABC! ABC!
ABCDEFG!
HIJK LMNOP!
Q R S T und noch U V W.
Ohne X und Y und Z
wär' das Ganze nicht komplett!
ABC! ABC!
Seht, so einfach ist das ABC!
Wenn man weiß,
wie es geht,
lernt man leicht das ganze Alphabet.
ABC! ABC!
ABCDEFG!
HIJK LMNOP!
Q R S T und noch U V W.
Ohne X und Y und Z
wär' das Ganze nicht komplett!

*Bei diesem »Rap« macht es Spaß, die Verse des
ABC-Gedichtes zu der Begleitmusik zu sprechen
oder mitzusprechen.*

Der erste Schultag

Der Klassenraum und die ganze Schule war nicht mehr als ein Laden, nicht größer als der Frisörladen von Rufus' Vater. Wie alle anderen Läden war er auch mit einem Vorhang von der Gasse getrennt. Jetzt war der Vorhang ein Stück zur Seite geschoben, sodass die beiden hineinschauen konnten. Bestimmt fast vierzig Schüler hockten auf kleinen Holzschemeln um einen leeren Stuhl. Einige hatten diese kleinen mit Wachs überzogenen Tafeln in ihren Händen, andere Hefte und Buchrollen auf ihren Knien. Aber nicht alle Schüler saßen still auf ihren Schemeln. Hinten in der Ecke gab es einen Ringkampf, und einige andere standen um die beiden Kampfhähne herum, um sie anzufeuern. Zwei Jungen wälzten sich auf dem Boden. Es herrschte ein unbeschreiblicher Lärm. Crispinus betrachtete für eine Weile stumm das Treiben. Dann ging er ein paar Schritte hinein und wendete sich an einen Jungen, der still auf seinem Schemel saß. »Wo ist euer Lehrer?«, fragte er. Er musste es noch einmal viel lauter wiederholen, damit der Junge ihn in dem Lärm rundum überhaupt verstand.

»Corvin?« Der Junge zuckte mit der Schulter. »Er ist draußen und wird wieder die Leute ansprechen, dass sie ihre Kinder in seine Schule schicken sollen. Er kann nie genug bekommen!«

»Und der Unterricht?«, brüllte Crispinus.

»Es ist sowieso der erste Tag nach den Sommerferien!« Der Junge lachte. »Da tut sich noch nicht viel.«

Er wandte sich an Amandus: »Du kannst dich aber schon mal dort drüben hinsetzen!« Er zeigte auf eine Gruppe Schüler, die recht still und verschüchtert auf ihren Schemeln hockten. »Das sind die Anfänger, die Abecedarii.«

Als er die Wachstafeln und Griffel bei Crispinus bemerkte, fügte er hinzu: »Die brauchst du heute bestimmt noch nicht. Morgen und übermorgen auch nicht. Die Schulanfänger müssen nur das ABC auswendig lernen.«

»Nichts schreiben?«, fragte Amandus. Er hatte sich wirklich darauf gefreut.

»Nur auswendig lernen!«, sagte der Junge und rasselte das Alphabet herunter. »ABCDEFGHIJKLMNOPQRSTUVWXYZ!«

Ein Wunder, dass man sich in diesem Lärm überhaupt unterhalten konnte.

»Toll!«, staunte Amandus.

»Wenn du das kannst, kommst du in die zweite Gruppe. Dann wirst du dorthin versetzt!«

Der Junge zeigte auf eine zweite Schülergruppe auf der anderen Seite. »Das sind die Silbenlerner! Sie müssen Silben lernen.

Zuerst solche mit zwei, dann mit drei, vier und mehr Buchstaben!«

»Dann kann man doch schon Wörter lesen!«, meinte Amandus, der einiges bereits bei Nikomedes gelernt hatte. Der Junge schüttelte den Kopf.

»Und was machst du?«, fragte ihn Crispinus.

»Ich bin bald fertig!«, sagte er und stöhnte tief. »Ich war auch in der dritten Gruppe, in der man richtig lesen darf! Dann durfte ich das Täfelchen benutzen und alle Buchstaben so lange nachziehen, bis ich sie auswendig konnte. Das ist alles jetzt vorbei! Jetzt kann ich richtig lesen und schreiben!«

Er nickte Amandus zu. »Ein Jahr muss ich noch durchhalten. Dann ist das alles endlich vorbei! Ehrlich, es ist stinklangweilig hier!«

23

In diesem Augenblick verstummte der Lärm ringsum. Der Lehrer war eingetreten. »Weißt du, wo du sitzen sollst!?«, schnaubte er Amandus an.

Der nickte stumm und suchte sich eilends seinen Platz, den ihm der Junge gezeigt hatte. Als Crispinus ihm folgen wollte, hielt ihn der Lehrer am Arm fest.

»Du kannst ihn mittags wieder abholen!«, sagte er und drängte ihn aus dem Raum.

»Ich bin Aemilius!«, flüsterte der Junge auf dem Schemel neben ihm Amandus zu.

»Bist du auch neu hier, Emil?«, flüsterte er zurück und stieß ihn leicht mit der Schulter an. Der Junge nickte.

»Ich bin Amandus!«, sagte Amandus etwas lauter, damit ihn Emil verstehen konnte. In dem Raum war es nämlich wieder beträchtlich lauter geworden.

Dann zuckte er zusammen, weil der Lehrer ein donnerndes »Ruhe!« brüllte. Augenblicklich war es still.

»Komm zu mir!«, schrie der Lehrer und zeigte auf einen größeren Jungen, der mit seinem Schemel in der letzten Reihe an der Wand saß. Der Junge zögerte.

»Kannst du nicht hören?«, brüllte der Lehrer. »Ja, du! Dich meine ich!«

Zögernd kam der Junge nach vorn.

»Dein Name!«

»Julian!

»Zieh die Tunika aus!«

Langsam gehorchte der Junge.

»Schneller!«

Jetzt hatte er nur noch ein Tuch um die Hüften. Der Lehrer deutete auf einen zweiten Schüler. »Du! Ja, du! Komm her!« Amandus beobachtete den Vorgang mit ängstlich geweiteten Augen. Emil rückte mit seinem Schemel noch näher an ihn heran und packte seinen Arm. Er musste genauso aufgeregt sein wie Amandus, denn er spürte seine Fingernägel, die sich in seinen Unterarm gruben.

Jetzt stand der zweite große Junge vorn. Es war ein kräftiger Schüler. Anscheinend wusste er bereits, was er zu tun hatte.

Der Lehrer rief noch einen dritten Schüler zu sich.

»Bücken!«, sagte der Lehrer.

Da stellte sich der zweite Schüler vor Julian und bückte sich so, dass sich Julian über ihn legen konnte. Er hielt ihn auch sogleich bei den Armen fest.

Auf ein Zeichen des Lehrers packte der dritte Junge Julians Beine, damit er sich nicht mehr bewegen konnte. Jeder der beiden anderen Schüler war bestimmt schon mehr als einmal an Julians Stelle gewesen. Im Raum war es still geworden. Gebannt starrten alle nach vorn.

Da ergriff der Lehrer einen Lederriemen und schlug damit auf den nackten Rücken des Jungen ein. Einmal, zweimal, dreimal, fünfmal, zehnmal.

Julian heulte laut. So laut, dass Leute von draußen am Eingang stehen blieben, ihren Kopf durch den Vorhang steckten und zuschauten. Offensichtlich hatten sie ihren Spaß daran. Und auch manch ein Schüler machte sich laut über die Schreie und das Heulen des geschlagenen Mitschülers lustig.

Als der Lehrer von Julian abließ, zog der schnaufend und weinend wieder seine Tunika über und schlich zurück nach hinten zu seinem Platz. Auch die beiden anderen Jungen setzten sich wieder.

Der Lehrer legte den Gürtel neben sich auf einen Tisch und rief die neuen Schüler nacheinander mit ihren Namen auf. Danach begann er mit den ersten Buchstaben des Alphabets und wendete sich später der zweiten Gruppe zu.

Heimlich hatte Amandus erwartet, dass die Schulanfänger von dem Lehrer begrüßt wurden. Er hätte gern berichtet, was er mit Nikomedes bereits alles gelernt hatte. Aber es war alles anders, als er es sich vorgestellt hatte. Schade!

Nach einer Weile blickte er auf und sah sich um. Neben ihm begannen bereits die Schemel der zweiten Gruppe.

Neben ihm saß die Schülerin, die wohl bemerkt hatte, wie aufgeregt die beiden Jungen gewesen waren. Sie nickte ihnen zu.

»Das passiert jeden Tag ein paar Mal! Macht euch nichts daraus. Man gewöhnt sich daran!«

»Und die Mädchen?«, fragte Amandus und spürte, dass er dabei rot anlief. »Müssen die sich auch ausziehen?«

»Wir haben es besser!«, sagte das Mädchen. »Ab und zu mal ein paar Schläge auf die Finger! Aber viel, viel seltener.«

Die Schüler schienen alle recht nett zu sein. Der große Junge, der ihm so bereitwillig auf seine Fragen geantwortet hatte. Cordula auf dem Schemel neben ihm. Vor allem Emil. Vom ersten Augenblick an hatte Amandus gespürt, dass er in ihm einen Freund finden würde.

Als dann endlich an diesem Tag die Schule aus war, verließen Amandus und Emil zusammen den Raum. Und voller Freude stellten sie fest, dass sie fast den gleichen Weg hatten. Emil wohnte in dem gleichen Wohnviertel. Allerdings nicht in einem Mietshaus, sondern in einer kleinen Villa. Zusammen mit Crispinus und Emils Sklaven machten sie sich auf den Heimweg.

»Du musst mich mal besuchen!«, sagten sie fast gleichzeitig und mussten beide laut lachen.

Ein Tag voller Überraschungen

Rufus stand am Eingang zum Innenhof und wartete auf Amandus. Als er ihn endlich mit seinem Sklaven kommen sah, stürzte er auf ihn zu.

»Na, wie war es?«

»Gut!« Um nichts in der Welt hätte Amandus jetzt gesagt, wie enttäuscht er eigentlich von seinem ersten Schultag war.

»Und gab es Schläge?« Das war wohl das Wichtigste, was ihn interessierte.

»Einer ist bestraft worden!« Amandus räusperte sich. »Aber es war nicht so schlimm!«

»Ich würde auch gern zur Schule gehen!«, sagte Rufus wieder und blickte träumerisch zum Himmel.

»Ich weiß nicht, ob es dir dann wirklich gefällt«, meinte Amandus zögernd. »Und so schön ist es eigentlich gar nicht!«

»Du willst aber morgen wieder hin?«, fragte Rufus.

»Wer nicht zur Schule geht, muss arbeiten«, sagte Amandus abschließend. »Ich muss in die Schule gehen.«

»Du hast es besser als ich!«, stellte sein Freund fest. »Ich muss arbeiten!«

Crispinus war längst nach oben gegangen. Jetzt kam Lucius, sein jüngerer Bruder die Treppe heruntergesprungen.

»Wir warten auf dich mit dem Essen!«

»Was gibt es denn?«

»Eine Überraschung, weil heute dein erster Schultag ist!« Lucius strahlte.

»Sag schon, was!«, rief Amandus und packte ihn am Arm.

»Calamaretti!«, antwortete Lucius und strich sich bereits mit der Zunge über die Lippen.

»Bis nachher!«, rief Amandus und rannte hinter seinem Bruder die Treppe hinauf. Die kleinen in Olivenöl gebackenen Tintenfische und darüber das köstliche Garum liebte er über alles.

Die Bauleute von Rom

Text: Rolf Krenzer   Musik: Paul G. Walter

1. Helft, Leu-te! Packt mit an! Dann geht es gut vo-ran.
Auf, Leu-te, packt mit zu! Dann schaf-fen wir's im Nu.
Im-mer hö-her, im-mer hö-her baun wir Stein auf Stein!
Und am En-de wird das neu-e Bau-werk fer-tig sein!

2. Dass unsre große Stadt
den neuen Tempel hat,
geben wir uns viel Müh!
So schön war Rom noch nie!
Immer höher immer höher
baun wir Stein auf Stein!
Und am Ende wird der neue
Tempel fertig sein!

3. Dass unsre schöne Stadt
ein Kolosseum hat,
geben wir uns viel Müh!
So schön war Rom noch nie!
Immer höher immer höher
baun wir Stein auf Stein!
Und am Ende wird das
Kolosseum fertig sein!

4. Dass unsre große Stadt
bald ein Theater hat.
geben wir uns viel Müh!
So schön war Rom noch nie!
Immer höher immer höher
baun wir Stein auf Stein!
Und am Ende wird auch das
Theater fertig sein!

5. Dass unsre große Stadt
bald ein Thermalbad hat.
geben wir uns viel Müh!
So schön war Rom noch nie!
Immer höher immer höher
baun wir Stein auf Stein!
Und am Ende wird auch das
Thermalbad fertig sein!

6. Dass unsre große Stadt
auch bald ein Stadion hat,
geben wir uns viel Müh!
So schön war Rom noch nie!
Immer höher immer höher
baun wir Stein auf Stein!
Und am Ende wird das neue
Stadion fertig sein!

7. Dass unsre schöne Stadt
einen großen Circus hat,
geben wir uns viel Müh!
So schön war Rom noch nie!
Immer höher immer höher
baun wir Stein auf Stein!
Und schon wird der Circus
Maximus bald fertig sein.

8. Kommt, Leute, kommt und schaut!
So viel wird hier gebaut!
Rom wird, weil's uns gefällt
zur schönsten Stadt der Welt.
So viel Neues, so viel Großes
wird in Rom entstehn!
Kommt, ihr Leute, kommt noch heute,
um es anzusehn!

Eine Überraschung

Olivia hatte für Amandus' Lieblingsessen gesorgt, weil sie ahnte, wie es in der Schule zuging. Sie brauchte Amandus nur anzusehen, da wusste sie Bescheid. Aber sie konnte nichts dagegen tun. Eine andere Möglichkeit gab es im Augenblick nicht. Und nachmittags durfte der Junge ja noch mit Nikomedes lernen. Das Lernen mit dem Hauslehrer machte ihm offensichtlich Spaß.

Wenn Lateus von dem Feldzug heimkam, wollte sie mit ihm über die Schule sprechen. Gewiss gab es andere, bessere Schulen. Was konnte Amandus viel bei einem ausgedienten Soldaten lernen? Der konnte doch sicher selbst kaum das Alphabet. Beatus war in derselben Gasse in einer anderen Schule gewesen. Als der Lehrer krank wurde und die Schule geschlossen war, hatte sie ihn in einer sehr teuren Privatschule untergebracht. Da war alles viel besser gewesen. Bald würde Laetus heimkehren, bis dahin musste Amandus durchhalten.

Die Mutter war froh, dass sie heute an seinem ersten Schultag eine Überraschung für ihn hatte. Nicht nur für Amandus, sondern für alle. Olivia wartete, bis alle aufgegessen hatten. Dann blickte sie in die Runde, sah einen nach dem andern an und sagte: »Ich weiß eine Neuigkeit!«

Sogleich riefen Lucius, Ursula und Amandus fast gleichzeitig: »Vater kommt von dem Feldzug zurück nach Hause!«

Die Mutter schüttelte den Kopf. » Er wird bestimmt vor dem Winter zurückkommen. Im Winter werden sie nicht weiter über die Grenze nach Germanien vordringen.« Sie blickte sich belustigt um. »Nein, es hat nichts mit Laetus zu tun!«

»Beatus hat seine Prüfung bestanden!«, rief Amandus.

»Nein, das ist es auch nicht. Seine Prüfung ist erst in zehn Tagen!« Sie sah wieder ihre Kinder an, eines nach dem anderen.

»Ihr habt jemanden vergessen!«, meinte sie dann.

»Cornelia…?«, fragte Amandus zögernd. Die Mutter nickte. »Cornelia wird in ein paar Tagen zu Besuch kommen!«, sagte sie. Ihre Stimme klang so, als würde sie gleich weinen. Weinen vor Freude. Seit Cornelia mit ihrem Mann fortgezogen war, hatte sie sie nicht mehr gesehen. »Sie hat mir mit einem Boten eine Nachricht geschickt.«

»Bringt sie die kleine Valeria mit?« »Und Gaius?« »Kommt Quirinus auch?« Jetzt kamen viele Fragen. Sie hatten alle Cornelia und ihre Familie seit langem nicht mehr gesehen. Clara war noch nicht geboren, als Cornelia fortgezogen war.
»Sie kommen alle!«, lachte die Mutter.

Kochen und essen wie die Römer

Die Römer kannten weder Kartoffeln noch Tomaten. Statt Zucker wurde Honig verwendet. Auch alle Arten von Mehlspeisen waren noch nicht erfunden. Nicht einmal Pfannkuchen kannten sie. Und Pudding und Eis zum Nachtisch natürlich auch nicht. Es wurde nur das gegessen, was man im eigenen Land erntete und herstellte. Aus anderen Ländern und den Provinzen haben die Römer nur Wein und Öl eingeführt. Außerdem das gute Garum, eine scharfe eingedickte Soße aus Fischen aus dem Mittelmeer bei Marokko und Südspanien. Diese Fischsoße wurde so gern zu fast allen Speisen benutzt wie bei uns Ketchup oder Maggi.

Die Großstadt Rom benötigte viele Lebensmittel. Vieles wurde mit riesigen Schiffen über das Meer herbeigeschafft und in Ostia, dem Hafen Roms, entladen. Die Güter wurden dann in Kähne umgeladen und den Tiber hinauf, bis Rom und von dort aus bis zu den Lagerhäusern gebracht. Man konnte auch Baumstämme oder einige andere Güter mit Wagen transportieren, vor die man Ochsen spannte. Aber dieser Transport dauerte viel länger als die Schiffsreise, weil Ochsen viel langsamer sind. Und die Wagen mit ihren dicken Holzrädern sind sehr schwerfällig.

Wer wie Amandus' Familie in der Hauptstadt wohnte, musste schon recht reich sein, um sich so viele teure Nahrungsmittel leisten zu können.

Zum Frühstück gab es Brot. Dazu Oliven und hin und wieder Trauben. Obst gab es viel. Deshalb war es sehr billig. So konnten sich auch die ärmeren Leute Trauben und andere Früchte leisten. Wer sich noch mehr leisten konnte, der aß ein Stück Käse dazu. Ein Festtagsfrühstück, wie es zum ersten Schultag bei Amandus aufgetischt wurde, war aber eine ganz besondere Ausnahme. Erst am Nachmittag oder am Abend wurde die Hauptmahlzeit eingenommen. Es gab einen Mehlbrei, der mit Öl und Gewürzen vermischt wurde. Dazu Gemüse aus Bohnen, Linsen oder Kichererbsen. Fleisch, Hühner und sonstiges Geflügel konnten auch nur die Reicheren kaufen. Für die Ärmeren gab es Fleisch nur an Feiertagen. Das Geflügel und das Gemüse wurde frisch auf dem Markt gekauft, weil man nichts lagern oder gar einwecken konnte. Besonders Fisch war oft sehr teuer. Er musste verkauft werden, bevor er roch und schlecht wurde.

Laetus, Amandus' Vater, lud oft zu der Hauptmahlzeit am Nachmittag oder am Abend Freunde ein. Man lag dann auf dem bequemen Speisesofa am Tisch und ließ sich von den Sklaven und Dienerinnen mit Leckerbissen bedienen. Was einem auch serviert wurde, Gemüse, Fisch, Fleisch oder Obst, alles wurde mit den Fingern gegessen.

Holzlöffel brauchte man in der Küche zum Umrühren in den Töpfen und Pfannen, die alle aus Bronze gefertigt waren. Nur der Koch benutzte ein Messer, um den Braten zu zerlegen, bevor er aufgetischt wurde. Wer reich war, hatte auch einige Löffel und Teller aus Silber.

Besondere Leckerbissen

Vorspeisen
Schwarze und grüne Oliven
Austern
Salate

Hauptspeise

In Öl gebratene Haselmäuse
mit gewürztem Körnerbrei und Bohnengemüse. Dazu Garum aus den Fischinnereien, Salz und anderen Gewürzen.

Gekochte Schweineeuter
mit Gewürzsoße aus Thymian, Wacholderbeeren, Koriandersamen, Raute, Pfeffer und Oregano. Dazu zart gewürzter Mehlbrei mit Oliven und Selleriegemüse.

Gekochte Wachteln
mit Wachteleiern und Spargelsoße. Dazu frisches helles Brot.

Schnecken
in Öl ausgebraten und heiß serviert. Dazu frisches Brot und Obst.

Gekochter Pfau
Im Ganzen gekocht und mit Leckereien gefüllt.
Dazu eine süß-saure Soße aus Pfeffer, Datteln, Selleriesamen, Honig und Essig, aufgekocht und mit Maismehl gebunden.

Nachspeise
Nüsse
Trauben, Äpfel, Birnen und anderes Obst
Honigkuchen

Das aßen die Römer besonders gern
Besonders gern aßen die Römer den köstlichen pompeischen Kohl, der in der Nähe von Pompei angebaut wurde. Über der Erde verdickte sich der Stiel zu einer Knolle, bevor er dann weiter zu den Blättern ging. Unser Kohlrabi stammt von ihm ab.

Romulus und Remus

Text: Rolf Krenzer   Musik: Paul G. Walter

Refrain

Er - zäh - len die al - ten Sa - gen von ur - al - ten Ta-gen, dann wird es auf ein-mal still, weil je-der noch mehr, weil je - der noch mehr, weil je - der noch mehr von frü-her wis-sen will.

Verse 1. Als Ro-mu-lus und Re - mus - einst ge - bo - ren, da wa-ren sie so klein, doch schien es schon ver - lo - ren. Denn als der Kö - nig sie ent-deckt, war er er-bost und auf - ge-schreckt und wollt-sie oh - ne nach - zu - den - ken in ei - nem tie - fen Fluss er - trän - ken.

2. Dass diese beiden Königskinder waren,
hatt' bald der falsche König viel zu früh erfahren.
Er rief die Knechte , wies sie an:
»Packt sie im Schlaf und bringt sie dann
zum Fluss, zum Tiber dort hinunter.
Dort gehen beide sicher unter!«

Refrain

3. Die Knechte hatten Mitleid, will mir scheinen.
Drum legten sie die Wiege mit den beiden Kleinen,
behutsam auf ein Brett, das dann
im Fluss nicht untergehen kann.
So trieb die Wiege dort hinunter.
Gerettet beide! Welch ein Wunder!

Refrain

4. Sie sind nicht lange in dem Fluss geblieben.
Die Wellen haben sie ganz zart an Land getrieben.
Doch lockte bald ihr Wehgeschrei
noch eine Wölfin nachts herbei.
Zur Höhle hat sie sie getragen,
gab ihnen Milch ohne zu fragen.

Refrain

5. Sie hat sie warm in ihren Pelz gebettet
und hat die Königskinder so vorm Tod gerettet.
Ein Hirte kam dort einst vorbei,
und er entdeckte alle drei.
Die Kinder waren ihm willkommen.
Er hat sie bei sich aufgenommen.

Refrain

6. Was später dann geschah, ist zu beklagen:
Der Romulus hat seinen Bruder totgeschlagen.
Grad war gegründet eine Stadt
dort, wo man sie gefunden hat.
Und wer regiert nun von den Beiden?
So fingen sie dann an zu streiten.

Refrain

7. Von beiden Brüdern lässt sich viel berichten.
Ein jedes Römerkind kennt heut' noch die Geschichten.
Der Romulus ist sehr bekannt.
Und nach ihm wurde Rom genannt.
Und wer nichts weiß von diesen Sagen,
muss nur die Römerkinder fragen.

Refrain

Der Spielzeugladen
unter dem Claudius-Aquädukt

»Ich wollte losgehen, um einiges für unseren Besuch einzukaufen«, sagte Olivia. »Ursula und Amandus kommen mit!«
Lucius jammerte, dass er nicht mitdurfte.
»Ursula muss mir beim Aussuchen helfen. Ich will etwas Spielzeug für Cornelias Kinder kaufen.« Ursula strahlte.
»Und Amandus muss tragen helfen!« Sie blinzelte dem Jungen zu. »Wer weiß, ob Sophia und Crispin das alles schaffen.«
»Und du!« Sie legte ihren Arm um Lucius. »Du hast heute deinen ersten Tag mit Nikomedes! Willst du da wirklich weggehen?« Sogleich schüttelte Lucius den Kopf. Das hatte er wirklich vor Freude für einen Augenblick vergessen. »Lass ihn doch mitkommen!«, bat Amandus. Die beiden Jungen blickten Olivia so flehend an, dass sie schließlich zustimmte.
Eine Dienerin nahm die Kleinen mit sich. Und Olivia machte sich bald mit ihren beiden Kindern auf den Weg. Sophia und Crispinus folgten mit Korb und Tasche. Zuerst gingen sie zu Jucunda in die Hafenstraße. Wenn ihre Tochter zum ersten Mal zu Besuch kam, wollte Olivia das Köstlichste auftischen.
Sie bestellte drei fette Gänse, den besten Käse, gut gekelterten Wein in Tonkrügen, besonders frischen Fisch und das beste Obst vom Tage. Dazu allerfeinsten Bienenhonig und zwei Krüge dieser köstlichen Fischsoße, die alle so gern mochten.
Das alles sollten ihr Jucundas Sklaven in drei Tagen nach Hause bringen.
Dann gingen sie weiter. Amandus jubelte leise, als er sah, dass seine Mutter den Weg zu dem Spielzeugladen unter dem Claudius-Aquädukt einschlug.
Er stand immer mit einem seltsam ehrfurchtsvollen und stolzen Gefühl vor diesen mächtigen Leitungen und Brücken aus Stein. Sie waren von vielen Steinmetzen in langer und beschwerlicher Arbeit viele, viele Kilometer weit von den Bergen bis nach Rom und zu anderen Städten gebaut worden.
Nikomedes hatte ihm erzählt, dass das Wasser von Flüssen im Gebirge durch diese besonderen Kanäle aus Stein, die Aquädukte, bis hierhin geleitet wurde. Die vielen mächtigen Steinbögen machten dieses Bauwerk so stabil. Deshalb gab es in Rom genug Wasser und viele öffentliche Bäder.
Dann standen die Kinder in dem Laden und konnten sich nicht satt sehen an dem vielen Spielzeug, das dort herumstand. Ursula lief sogleich auf eine Stoffpuppe zu und nahm sie ganz behutsam in ihren Arm.

Olivia nickte der Verkäuferin, die gleich herbeistürzte, beruhigend zu. Dieser wunderschönen, bunt gekleideten Puppe würde bestimmt nichts passieren.

»Meine Julia sieht ganz anders aus!«, sagte Ursula leise und streichelte die fremde Puppe zärtlich. »Diese ist aber auch sehr schön!«

»Diese Puppe kaufen wir für Valeria!«, bestimmte die Mutter, und Ursula drückte sie fest an sich. Ja, da würde sich ihre kleine Cousine bestimmt sehr freuen.

Lucius stand neben dem kleinen Eselskarren und hatte die Hand auf eines der beiden Räder gelegt. Gewiss gab es nichts Schöneres als solch einen Karren, auf den man steigen und sich von einem Eselchen ziehen lassen konnte. Aber als sein Vater zum letzten Mal da war, hatte er ihm klargemacht, dass daran nicht zu denken war, so lange sie in dem Mietshaus wohnten. Die Straße davor war viel zu belebt und zu gefährlich. Aber vielleicht wollte der Vater später einmal ein kleines Haus kaufen. Eine kleine Villa mit einem großen Garten. So lange musste Lucius in jedem Fall warten.

»Und was kaufen wir für Gaius?«, wollte er jetzt wissen. Er hielt bereits einen kleinen Rennwagen mit vier Pferden davor in der Hand.

»Ein besonders schönes Modell!«, rief gleich der Besitzer des Ladens, der dazugekommen war.

»Gaius ist noch viel zu klein dazu!«, stellte die Mutter fest, und Lucius stellte bedauernd den Rennwagen wieder zurück.

»Der Holzreifen ist auch noch nichts für ihn!«, meinte sie dann. »Und die bunten Glasmurmeln steckt er noch in den Mund.«

»Vielleicht dieses Holzpferd?« Amandus stellte es direkt vor Olivia hin. »Man kann sogar darauf reiten!«

»Ja, dieses Holzpferd nehmen wir für Gaius!«, stimmte die Mutter zu. Sie wandte sich an den Ladenbesitzer. »Es wird doch alles zu mir nach Hause gebracht?«

»Selbstverständlich, Herrin!«, beteuerte er sogleich.

»Zeigt mir jetzt noch, was ihr an Bällen dahabt!«, sagte Olivia zum Schluss.

»Such dir einen aus!«, wandte sie sich dann an Amandus.

»Ich?« Er konnte es nicht fassen.

Olivia lachte. »Dein Vater hat bestimmt, dass du zum ersten Schultag einen Ball bekommen sollst!«

Amandus zögerte lange. Dann entschied er sich für einen großen schweren Lederball. Er hatte schon oft zugesehen, wie am späten Nachmittag, wenn die Hitze nachließ, die Nachbarsjungen damit spielten. Ein paar Mal hatte er auch mitspielen dürfen.

»Es wird doch alles heute noch nach Hause gebracht?«, wandte sich nun Amandus an den Ladenbesitzer.

»Selbstverständlich, junger Herr!«

Die Mutter erklärte noch genau, wo sie wohnten und wohin alles gebracht werden sollte.

Als sie dann den Laden verließen, spürte Amandus auf einmal, dass es für ihn heute doch ein ganz besonderer Tag geworden war. Was würde Rufus sagen, wenn er ihn nachher im Geschäft mit dem Ball abholte?

»Crispin bringt jetzt die Kinder nach Hause!«, wandte Olivia sich dann an den Sklaven.

»Und Sophia wird mich jetzt zu den Thermen bringen!«

Die Mutter besuchte das öffentliche Bad fast jeden Tag und genoss es sehr, sich in der Sporthalle fit zu machen und anschließend im heißen Pool auszuspannen.

Spielen wie die Römerkinder

Spiele mit Nüssen

Alle römischen Kinder kannten Spiele, die sie mit Nüssen spielen konnten. Nüsse gab es genug. Man musste sie nur von den Bäumen abpflücken oder von der Erde aufsammeln. Und wenn man genug damit gespielt hatte, dann konnte man sie einfach aufessen. Am nächsten Tag wurden dann wieder neue Nüsse gesammelt.

Sie spielten mit Nüssen die Spiele, die wir heute mit Murmeln und Klickern spielen. Damals gab es auch bereits Murmeln aus Ton, Stein und buntem Glas. Aber sie waren so teuer, dass nur die reichsten Kinder damit spielen durften.

Der berühmte Kaiser Augustus hat so gern mit Nüssen und Murmeln gespielt, dass er nicht vorbeigehen konnte, wenn er Kinder damit spielen sah. Er spielte immer eine Runde mit. Und es machte ihm gar nichts aus, dass die Erwachsenen, die das sahen, heimlich über ihn lachten.

Wer trifft die Nuss?

Einer wirft eine Nuss. Die übrigen Spieler haben drei Nüsse und müssen versuchen, die Erste zu treffen. Der Sieger darf bei der nächsten Runde die erste Nuss werfen.

Wer kommt am nächsten?

Eine Nuss wird geworfen. Alle passen auf, wohin sie fällt. Nun darf jeder versuchen, seine Nuss so nah wie möglich an die Erste zu bringen.

Nuss ins Loch

Mit den Händen graben wir eine kleine Höhle in den Sand oder in die Erde. Von einer Startlinie aus versuchen wir, hintereinander das Loch mit unserer Nuss zu treffen.

Wer das Loch getroffen hat, bekommt von jedem Spieler die Nuss, die er beim Spiel eingesetzt hat. Dann geht es in die nächste Runde.

Delta

Wir malen ein spitzwinkliges Dreieck mit zehn Feldern auf den Boden. Es lässt sich auch mit einem Ast oder einem scharfen Stein in die Erde ritzen. Dann nummerieren wir die Felder von unten nach oben von 1 bis 10.

Nun ziehen wir zwei bis drei Meter entfernt eine Linie. Von dieser Linie aus werfen die Spieler abwechselnd fünf Nüsse. Man muss gut aufpassen, welche Nüsse einem gehören, denn sie sehen sich sehr ähnlich. (Man kann auch Klötzchen bunt anmalen oder die Nüsse einkerben, zeichnen usw.) Wir werfen reihum. Wer die meisten Punkte hat, gewinnt. Man kann auch mehrere Runden spielen. Dann werden die Punkte der verschiedenen Runden zum Schluss zusammengezählt.

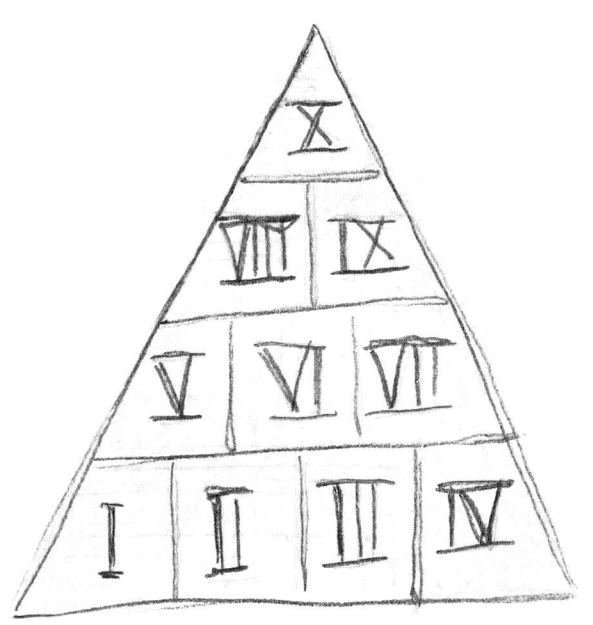

Ballspiele

Der Ball war ebenso beliebt wie Murmeln und Nüsse. Es gab Lederbälle, die mit Luft gefüllt waren. Stoffbälle wurden mit Federn gestopft. Kinder und Erwachsene haben sich beim Ballspielen entspannt. Man konnte seinen Ball gegen die Wand werfen und wieder fangen.

Mit Freunden warf man sich den Ball zu, spielte Abwerfen oder richtige Mannschaftsspiele. Vielleicht waren die Spiele schon Vorformen des heutigen Handball oder Rugby.

Brettspiele und Würfelspiele

Auch Brettspiele waren sehr beliebt. Oft wurde der Spielplan in den Boden geritzt. So hat man bei Ausgrabungen Vorformen unserer heutigen Spiele Mühle und Backgammon gefunden.

Die Spielsteine waren kleine, wie Knöpfe gefertigte Holzscheiben und Tonscherben, die sorgfältig abgerundet waren. Würfel waren meist aus Knochen geschnitzt.

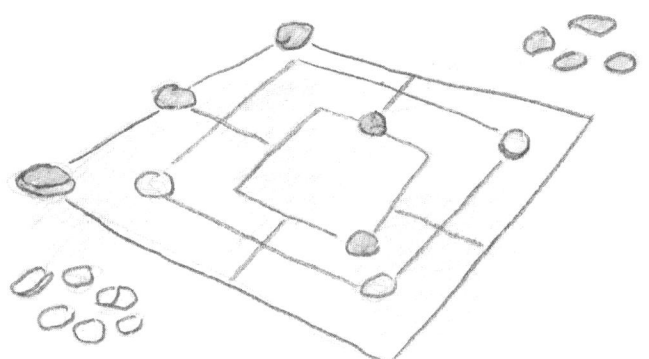

Sag mir, wie weit darf ich reisen?

Text: Rolf Krenzer   Musik: Paul G. Walter

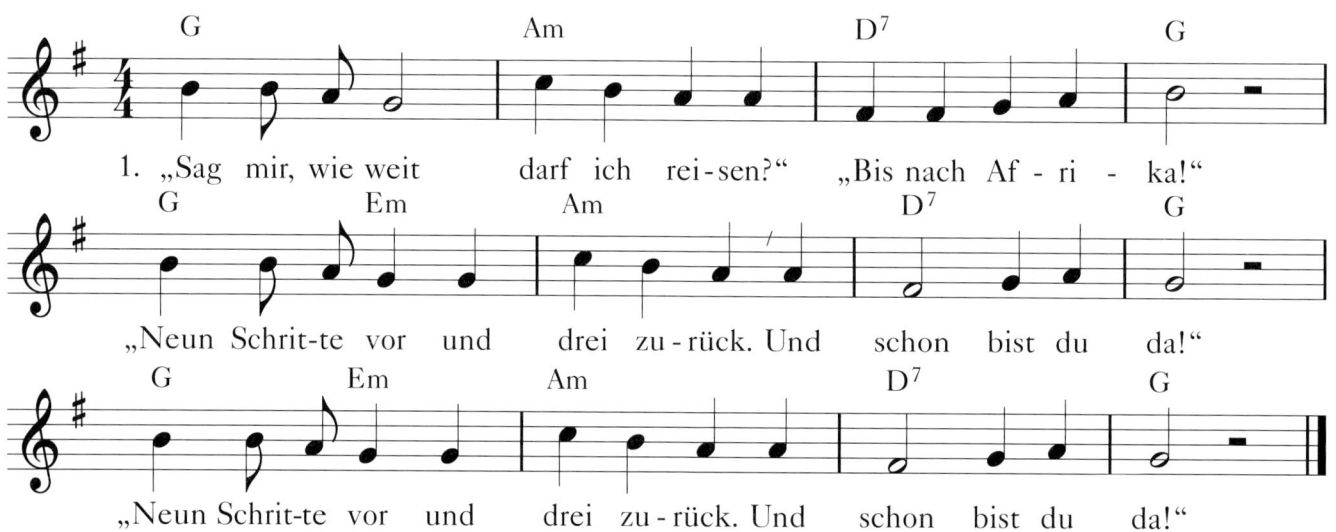

1. „Sag mir, wie weit darf ich rei-sen?" „Bis nach Af-ri-ka!"
„Neun Schrit-te vor und drei zu-rück. Und schon bist du da!"
„Neun Schrit-te vor und drei zu-rück. Und schon bist du da!"

2. »Vater, wie weit darf ich reisen?«
»Bis Hispania[1]!«
»Acht Schritt' vor
und zwei zurück.
Und schon bist du da!«
»Acht Schritt' vor
und zwei zurück.
Und schon bin ich da!«

3. »Mutter, wie weit darf ich reisen?«
»Bis nach Graecia[2]!«
»Sieben vor
und vier zurück.
Und schon bist du da!«
»Sieben vor
und vier zurück.
Und schon bin ich da!«

[1] Spanien
[2] Griechenland

4. »Rufus, wie weit soll ich reisen?«
»Bis nach Syria[3]!«
»Sechs Schritt' vor
und drei zurück.
Und schon bist du da!«
»Sechs Schritt' vor
und drei zurück.
Und schon bin ich da!«

5. »Clara, wie weit soll ich reisen?«
»Bis nach Gallia![4]«
»Acht Schritt' vor,
ein Schritt zurück.
Und schon bist du da!«
»Acht Schritt' vor,
ein Schritt zurück.
Und schon bin ich da!«

6. »Lucius, wie weit soll ich reisen?«
»Bis Britannia[5]!«
»Sechs Schritt' vor
und vier zurück.
Und schon bist du da!«
»Sechs Schritt' vor
und vier zurück.
Und schon bin ich da!«

7. »Mira, wie weit soll ich reisen?«
»Bis Germania![6]«
»Zehn Schritt' vor
und fünf zurück.
Und schon bist du da!«
»Zehn Schritt' vor
und fünf zurück.
Und schon bin ich da!«

8. »Soll ich wirklich so weit reisen?
Von euch fortgehn? Ja?
Fünf Schritt' vor
Und fünf zurück.
Ich bleib' lieber da!
Fünf Schritt' vor
Und fünf zurück.
Ich bleib' lieber da!«

Ein Spieler steht den anderen gegenüber.
Dann gehen die Spieler so weit vor und so weit
zurück, wie es in der jeweiligen Strophe
angegeben wird.

[3] Syrien
[4] Gallien, Frankreich
[5] Britannien, England
[6] Germanien, Deutschland

Ein Gespräch unter Brüdern

Fünf Tage lang dauerte die erste Schulwoche. Am Ende dieser Woche hatte sich Amandus in das Einerlei des Schulbetriebs eingewöhnt und hatte bereits gelernt, sich so unauffällig zu verhalten, dass er nicht den Ärger des Lehrers auf sich zog. Wichtiger aber war, dass er in dieser ersten Woche viele Jungen und Mädchen kennen gelernt, vor allem aber einen neuen Freund gefunden hatte: Emil.

Bereits am zweiten Morgen hatten Amandus und Crispinus am Eingangstor ihres Mietshauses gewartet, bis Emil mit seinem Schulsklaven kam. Dann waren sie zusammen losgegangen und zum Frühstück in dem »Kännchen« eingekehrt. Auch den Heimweg machten sie nun immer gemeinsam.

Am Wochenende hatte auch Beatus frei. Als sie am Abend nebeneinander auf ihrer Liege lagen, fragte der große den jüngeren Bruder leise nach der Schule. Und hier, im dunklen Zimmer geborgen neben dem Bruder, erzählte Amandus, wie schwer alles am Anfang gewesen war. Er erzählte von seiner Angst, aber auch von Emil, den er ohne die Schule nicht kennen gelernt hätte.

»Man gewöhnt sich daran!«, tröstete ihn sein Bruder. »Glaub mir, nachher ist alles nicht mehr so schlimm. Schlimmer ist es, wenn man alles gelernt hat, was einem der Lehrer beibringen kann und wenn der Lehrer mit seinem Latein am Ende ist! Dann ist es oft langweilig, sehr langweilig!«

»Und wie ist es jetzt bei dir?«, fragte Amandus.

»Manchmal interessant und manchmal auch wieder langweilig.«, seufzte Beatus und musste dann doch lachen. »Das hat Schule so an sich!«

»Ich will einmal Senator werden!« Amandus richtete sich im Bett auf. »Dann gehe ich später auch in eine andere Schule!«

»Vielleicht schon bald!«, meinte Beatus. »Wenn du in die Schule kommst, die ich später besuchen durfte. Da macht es mehr Spaß!«

Als Amandus fast schon eingeschlafen war, weckte ihn Beatus noch einmal.

»Was hältst du davon, wenn ich dich für nächstes Wochenende einlade?«, fragte er und fügte gleich hinzu. »Du warst doch noch nie im Circus Maximus?«

»Nein! Noch nie!« Amandus saß mit einem Ruck aufrecht im Bett.

Das Kolosseum kannte er. Im Kolosseum war er einmal mit seinen Eltern und Beatus gewesen. In diesem großen Theater sitzen viele Menschen in vielen Reihen rund um eine große Arena, in der Löwen und Tiger und andere wilde Tiere zu sehen sind. Amandus hatte ganz oben gesessen. Von dort aus konnte er alles übersehen. Über einhunderttausend Zuschauer waren an dem Tag im Amphitheater gewesen.

Sein Vater hatte ihm erzählt, dass die Arena des Amphitheaters manchmal sogar mit Wasser gefüllt wird. Dann werden den Leuten spannende Kämpfe mit Kriegsschiffen vorgeführt.

»Die Kämpfe der Gladiatoren sollen aber auch sehr spannend sein!«, meinte Amandus. »Emil, mein Freund hat mir erzählt, sie kämpfen gegen Löwen und Tiger, gegen Stiere und Panther. Sogar Bären, Elefanten und Nashörner kannst du da sehen!«

»Stimmt!«, gab Beatus zur Antwort. »Wenn die Gladiatoren gegeneinander kämpfen, das ist besonders spannend. Da geht es um Leben und Tod. Der Kaiser muss entscheiden. Wenn der Kampf zu Ende ist, blickt der Sieger auf die Hand des Kaisers. Zeigt der Daumen des Kaisers nach unten, muss der Besiegte sterben. Streckt der Kaiser seinen Daumen nach oben, bleibt er am Leben.

»Weißt du, ich möchte doch lieber zu den Rennwagen!«, sagte Amandus und kroch ganz nah zu seinem großen Bruder.

»Nächstes Wochenende?«, fragte er ihn leise. Und als er spürte, dass Beatus nickte, sagte er ihm ins Ohr: »Du, ich freu mich.« Dann brauchte er lange, bis er endlich einschlafen konnte.

Bei Emil zu Hause

In der folgenden Woche durfte Amandus endlich seinen neuen Freund zu Hause besuchen. Crispinus brachte ihn hin, und Emil erwartete ihn bereits. »Du holst mich ja später wieder ab!«, sagte Amandus und sah dem Sklaven kurz nach, als der sich auf den Heimweg machte. Dann folgte er seinem Freund in den kleinen Vorhof, der in einen großen Innenhof führte. Dieser war nach allen Seiten von Säulenhallen umrahmt. Oder war es ein Garten? Amandus staunte über den kunstvollen runden Brunnen in der Mitte, ein Wasserbecken, das bis oben gefüllt war und es hier angenehm kühl machte. Vier schmale kurze Wege führten zwischen den von Blumen eingerahmten Beeten zu dem zum Wasserbecken hin. Und als Amandus nach oben blickte, sah er, wie kunstvoll das Dach über den Säulen war. Auf Steinen waren verschiedene Figuren aufgestellt. Ähnlich denen, die Amandus in der Innenstadt gesehen hatte. Aber sie waren viel kleiner.

»Es sind Götter!«, meinte Emil und führte Amandus zu einem größeren Standbild an der Wand des Säulenganges, das einen Tempel darstellte. »Unser Hausheiligtum!« sagte er. »Aber jetzt musst du erst meine Eltern begrüßen!«

Emil hatte es gut. Sein Vater arbeitete im Gerichtsgebäude, das am Forum stand. Jeden Nachmittag kam er nach Hause. »Du bist also Amandus!«, sagte er freundlich und reichte dem Jungen die Hand. »Emil hat uns so viel von dir erzählt!« Dann fragte er nach seinen Eltern und hörte voll Interesse zu, als Amandus ihm von seinem Vater und seinen Feldzügen berichtete. Bald verabschiedete er die Jungen, weil er zu tun hatte.

Auch die Vorstellung bei der Mutter war freundlich und kurz. Amandus lernte noch einige Geschwister Emils kennen. Felicitas, seine große Schwester, führte die beiden Freunde in einen gemütlichen Raum, dessen Wände bunt bemalt waren. Der Boden war wie überall hier im Haus mit einem Muster aus vielen bunten Steinen, einem Mosaik, ausgelegt.

Emil holte seine Spielsachen herbei. Es waren so viele, dass Amandus nur staunte. Am schönsten waren zwei Rennwagen mit Pferden davor. Die Räder liefen gut, sodass die Jungen schnell mit ihnen um die Wette fahren konnten. Jeder krabbelte und robbte über den Boden, so schnell er nur konnte. Dabei schob er seinen Rennwagen mit den Pferden vor sich her und versuchte, als Erster im Ziel zu sein.

Mit roten und heißen Köpfen saßen sie später zusammen und tranken den kühlen Saft aus gepressten Früchten, den ihnen ein Sklave reichte.

»Einmal bei einem richtigen Rennen zuschauen«, meinte Emil dann, »das würde ich mir am meisten wünschen!«

»Warst du noch nie im Circus Maximus?« Emil schüttelte den Kopf.

»Ich gehe nächstes Wochenende mit meinem großen Bruder zum Wagenrennen!«, sagte Amandus stolz und hätte sich am liebsten gleich auf die Zunge gebissen.

»Schön für dich!« Emil blickte um sich.

»Du kommst bestimmt auch noch einmal hin«, versuchte Amandus ihn gleich zu trösten und war froh, als der Freund nickte.

Als Crispinus Amandus wieder abholte, konnten die beiden Jungen es nicht fassen, dass der Nachmittag so schnell vorbeigegangen war. Amandus lief noch einmal in das Haus, um sich zu verabschieden. Emils Mutter fragte er gleich, ob Emil ihn auch besuchen dürfte. Sie nickte.

»Ich habe hier niemanden zum Spielen!«, sagte Emil, als er ihn zum Tor brachte. »Wie bin ich froh, dass wir uns jetzt kennen!«

Amandus reichte ihm die Hand zum Abschied. »Ich auch!«, sagte er. »Das kannst du mir glauben!«

Ein Mosaik basteln

Emils Eltern waren stolz auf das schöne Mosaik auf dem Fußboden. Aus kleinen bunten Steinen war ein richtiges Bild gelegt worden. Es zeigte einen großen Pfau. Wir können auch ein Mosaik basteln. Weil wir keine bunten Steine haben, nehmen wir Tonpapier oder Buntpapier.

Ein buntes Papier-Mosaik

Wir brauchen Tonpapier in vielen Farben, Karton oder Papier, auf das wir unser Mosaik festkleben können, Schere und Kleister.
Wir schneiden farbiges Tonpapier in viele kleine Vierecke. Dann setzen wir die Farben so zusammen, dass sie ein buntes Bild ergeben. Zum Beispiel eine gelbe Sonne auf blauem Himmel, eine bunte Blume, ein Schiff auf dem Meer, ein Haus mit Garten, einen Igel oder einen bunten Hahn. Jedes Viereck leimen wir sorgsam fest, sodass die einzelnen Vierecke ganz dicht nebeneinander sind.
Statt Tonpapier können wir auch Buntpapier benutzen. Wenn es sich wie eine Briefmarke aufkleben lässt, brauchen wir noch nicht einmal Kleister dazu.

Ein Mosaik reißen

Wir brauchen Buntpapier und ein Blatt, auf das wir unser Mosaik aufkleben wollen. Wir schneiden nicht, sondern reißen kleine Stücke aus dem Papier und kleben sie zu einem bunten Muster auf. Vielleicht eine Schnecke oder einen Regenbogen.

Ein Mosaik aus Filz

Auch an den Wänden finden wir manchmal ein Mosaik. Wir basteln ein Filzmosaik und brauchen dazu farbige Filzreste, Pappe, eine Schere und Leim.
Wir kleben zuerst ein Stück farbigen Filz auf die Pappe. Dann schneiden wir Kreise, Halbkreise, Vierecke und Dreiecke aus andersfarbigem Filz aus.
Die einzelnen Teile, die auf dem Filz haften, können wir dann zu einem schönen Bild zusammenstellen. Es können Häuser aus Quadraten und Dreiecken entstehen, Türme, Brücken, ein Aquädukt.

Ein Steinmosaik

Wir brauchen alle möglichen kleinen
Steine in vielen Farben, die wir bei
Spaziergängen gesammelt haben.
Zuerst füllen wir eine kleine Kiste mit
nassem Sand. Danach glätten wir die Ober-
fläche sorgfältig mit einer Leiste.
Mit den bunten Steinen legen wir Muster
und kleine Bilder in den Sand.
In den Sand lassen sich auch Muscheln
und Nüsse, Kastanien, Eicheln und
Hagebutten einlegen und zu bunten
Mustern formen.
Um das Steinmosaik haltbar zu machen,
vermischen wir drei Teile Sand mit drei
Teilen Tapetenkleister zu einem dicken
Brei.
Dieser Brei wird in die Kiste gefüllt und
mit einer Leiste sorgfältig geglättet. Bei
normaler Zimmertemperatur (nicht auf die
Heizung stellen!) trocknet dieses Gemisch
in wenigen Tagen und die eingelegten
Steine sind fest eingefügt.
Man kann sie nun noch mit einem feuch-
ten oder in Öl getränkten Lappen polieren
und als besonderen Schmuck für den Tisch
oder für das Zimmer aufstellen.

Steinfiguren

Marmorstatuen, wie sie in Emils Garten
stehen, können wir nicht anfertigen.
Wenn wir aber grauen, weichen Sandstein
mit Muscheln, Feilen oder Korkenziehern
bearbeiten, können schöne Figuren ent-
stehen.
Sandsteine finden wir am Meeresufer,
Geröllsteine an Flüssen, Bächen und auf
Kieswegen. Viele Steine zeigen durch ihre
Form bereits, welche Figur du aus ihnen
herausarbeiten kannst.
Mit den spitzen Geräten, die wir zur
Verfügung haben, ritzen und kratzen wir in
den Stein hinein. Der Stein ist oft so weich,
dass er schon mit einer Muschel bearbeitet
werden kann.
Aus der jeweiligen Form des Steins
ergeben sich die einzelnen Figuren, z. B.
Vögel, Fische, Gesichter, Menschen.
Die fertigen Figuren werden in einen mit
Sand oder Erde gefüllten Blumentopf
gestellt.

Heiß ersehnter Besuch

Als Amandus und Emil am letzten Schultag der zweiten Woche mit ihren Sklaven zu dem Mietshaus kamen, staunten sie über den Ochsenkarren am Eingang, der mit zahlreichen Körben bepackt war. Und Amandus staunte noch mehr, als er die Sklaven und Diener erkannte, die den Wagen entluden. »Das sind doch unsere Leute!«, rief er. Und dann sah er den jungen, hoch gewachsenen Mann, der dabei war, den Fahrer zu bezahlen.

»Quirinus!«, rief er und rannte auf ihn los. Quirinus fing ihn mit seinen Armen auf. »Mensch, Amandus, bist du gewachsen!«, lachte er. Er nickte den beiden Sklaven zu und gab Emil die Hand. »Du bist sicher der Freund!«, rief er und beide Jungen nickten.

»Wir müssen heim!«, meinte Emil höflich. Quirinus reichte ihm die Hand und drückte sie fest. »Wir sehen uns sicher noch!«, rief er. »Wir bleiben ein paar Wochen hier!« Dann wandte er sich an Amandus. »Wir sind durch Gallien nach Süden bis an das Meer gefahren. Dann sind wir auf ein Schiff umgestiegen. Das ist bequemer und geht schneller als über die Landstraßen nach Rom. Heute morgen sind wir im Hafen von Ostia gelandet.«

»Cornelia ist im Haus?«, fragte Amandus, und als sein Schwager nickte, stürzte er gleich hinein und die Treppe hoch.

Ja, sie war wirklich heimgekommen. Und sie war noch schöner, als er sie in Erinnerung hatte. Cornelia, die große Schwester! Er lief auf sie zu und drückte sie so fest er konnte. Als er sie losließ, fragte sie: »Deine Nichte und dein Neffe interessieren dich wohl nicht?«

Da sah er beide auf einmal, den kleinen Gaius und seine noch jüngere Schwester Valeria. Gaius stampfte auf seinen strammen Beinchen fest und sicher durch die Wohnung. Und Valeria krabbelte hinter ihm her. Genau so kannte es Amandus von seiner kleinsten Schwester. Gaius wollte sogleich auf das Holzpferd klettern, das er bereits von der Mutter bekommen hatte. Es klappte nicht. Da wandte er sich vertrauensvoll an ihn. Und Amandus packte den kleinen Reiter, setzte ihn auf das Pferd und schaukelte ihn hin und her. Der Kleine quiekte vor Freude.

»Halte ihn ja gut fest!«, rief ihm Cornelia zu. Er hatte viel zu tun, denn nun wollte ihm die kleine Valeria unbedingt ihre neue Puppe zeigen. Die Puppe, die sie zusammen mit dem Holzpferd in dem Spielzeugladen unter dem Claudius Aquädukt eingekauft hatten.

Dann kam Beatus noch dazu, der jetzt auch für das Wochenende wieder frei hatte. Als Olivia hereinkam, musste sie laut lachen. Da saßen ihre beiden ältesten Jungen mit all ihren jüngeren Geschwistern und mit Cornelias Kindern auf dem Fuß-

boden und spielten. Und alle lachten und quietschten und vollführten einen solchen Krach, dass man sein eigenes Wort nicht mehr verstehen konnte.

Als Quirinus dazukam, betrachtete er sie kopfschüttelnd und lachend. Doch als ihm Olivia endlich etwas ins Ohr brüllte, klatschte er zweimal so laut in die Hände, dass mit einem Schlag der Lärm verstummte.

»Der Tisch ist gedeckt!«, sagte er laut in die Stille hinein. »Wir sollen zum Essen kommen!« Er machte sich auf zu dem Esszimmer und schon stürmten alle hinter ihm her.

Auf Amandus' Platz lag ein Geschenk, das Cornelia ihm mitgebracht hatte. Sie hatte ihm eine Schultasche geschneidert, in die man die Schreibrollen, Griffel, Pinsel und auch ein paar Wachstäfelchen packen konnte. Crispinus würde sie jeden Morgen für ihn zur Schule tragen und auf seinen Platz legen.

Amandus freute sich besonders über die Griffel mit einer spitzen und flachen Seite. Die Spitze des Griffels konnte er zum Schreiben und die flache Seite zum Radieren benutzen.

»Sie werden aus dem Fußknochen der Rinder hergestellt!«, flüsterte ihm Beatus zu, der einige davon besaß. Amandus hatte sie schon immer mit etwas neidischen Augen betrachtet.

»Wie ist es mit dem Wagenrennen?«, fragte

er seinen Bruder. Die ganze Woche hatte er sich bereits darauf gefreut.

»Alles klar!« Beatus nickte. »Übermorgen gehen wir schon früh los, damit wir einen guten Platz bekommen und nichts versäumen!«

Olivia hatte gehört, was die Jungen besprochen hatten. »Crispin geht mit!«, sagte sie. Die Brüder nickten.

Nun war Quirinus aufmerksam geworden. »Wohin wollt ihr denn?«, fragte er.

Kaum hörte er Beatus' Antwort, da rief er gleich: »Jetzt sind wir endlich wieder richtig in Rom! Der Kaiser muss für Brot und Spiele sorgen! Brot, damit die Römer satt werden. Und Spiele, damit sie ihren Spaß haben!« Er lachte seine Frau an. »Ich hätte richtig Lust, mit zum Wagenrennen zu gehen. Es ist so lange her, seit ich zum letzten Mal dort war.«

»Ihr könnt gern alle beide gehen!«, mischte sich jetzt Olivia ein. »Wer weiß, wann ihr wieder einmal nach Rom kommt!« Sie legte den Arm um Gaius und Valeria. »Eure Kinder können hier bleiben!«

»Toll!«, rief Amandus und freute sich ehrlich. Dann wandte er sich an Beatus.

»Rufus war auch noch nie im Leben beim Wagenrennen. Könnten wir ihn vielleicht mitnehmen?«

»Von mir aus!« Beatus lächelte nachsichtig.

»Ich habe noch einen Freund!«, sagte Amandus. »Er heißt Emil und war auch noch nie dabei!«

»Auf so viele Jungen kann ich nicht allein aufpassen!« Beatus zögerte.

»Crispin geht doch mit!«, bettelte Amandus. »Und Emil bringt auch seinen Sklaven mit!«

»Nun gut!« Beatus nickte.

»Vielleicht auch noch Felicitas?«, fragte Amandus schließlich. »Felicitas würde sich bestimmt freuen!«

»Nicht auch noch ein kleines Mädchen!« Beatus wehrte mit beiden Händen ab.

»Sie ist so alt wie du!«, lachte Amandus und wunderte sich, dass Beatus für einen Augenblick rot anlief.

»Will sie denn mit?«

»Ich gehe heute Nachmittag zu Emil nach Hause«, sagte er. »Dann kann ich sie ja fragen.« Er blinzelte dem großen Bruder verstohlen zu.

Die Seeräuber vom Mittelmeer

Text: Rolf Krenzer   Musik: Paul G. Walter

»Wir sind durch Gallien nach Süden bis an das Meer gefahren. Dann sind wir auf ein Schiff umgestiegen. Das ist bequemer und geht schneller als über die Landstraßen. Heute Morgen sind wir im Hafen von Ostia gelandet«, berichtet Quirinus.

Er erzählt aber nichts von den vielen Seeräubern mit ihren Schiffen, die den römischen Schiffen auflauerten und oft reiche Beute machten. Alle Waren wurden geraubt und die Menschen selbst als Sklaven verkauft. Die Seereisen über das Mittelmeer waren bequemer als die Landreisen, dafür aber auch oft viel gefährlicher.

Ein Schiff kommt übers Meer daher. Das Schiff ist voll beladen. Hat es am Hafen fest gemacht, fragt jeder, was es mitgebracht. — kommt her und lasst uns raten!

Verse

1. Zuerst die Schafe aus Spanien. Sie werden an Land gebracht. Schaut her! Schaut her! Es ist noch mehr als wir es uns gedacht.

2. Da folgt uns von ferne
ein kleines Schiff geschwind.
Was mag das nur bedeuten?
Wir sagen unsern Leuten:
»Setzt Segel in den Wind!«

3. Das Schiff kommt uns näher,
und bald holt es uns ein.
Wir wollen schnell entkommen
und sehen ganz beklommen:
Es müssen Räuber sein.

4. Sie rudern und rudern
ganz nah an uns heran.
Gleich werden sie uns entern,
und unser Schiff wird kentern.
Gleich fängt das Kämpfen an.

5. Seeräuber sind bewaffnet
mit Dolch, mit Schwert und Speer.
Wir nur mit bloßen Händen.
So muss der Kampf bald enden.
Uns rettet keiner mehr!

6. Sie rauben, was wir haben,
und bringen alles fort.
Sie fesseln uns mit Ketten.
Nicht einer kann sich retten.
Sie treiben uns von Bord.

7. Zurück bleibt unser Schiffchen.
Sie lachen laut und froh.
Sie schlagen es zusammen
und setzen es in Flammen.
Da brennt es lichterloh.

8. Was soll nur aus uns werden?
So groß ist unsre Not.
Sie feiern wie besessen.
Wir kriegen nichts zu essen.
Nicht einen Bissen Brot.

9. Nach vielen langen Stunden
und mitten in der Nacht,
da hat das Schiff ganz leise
nach seiner schlimmen Reise
am Ufer festgemacht.

10. Sie können nur noch lallen
und legen sich aufs Deck.
Von unserm Wein betrunken!
Wie haben sie gestunken!
Wie kommen wir hier weg?

11. »Sag, Freund, den Kettenschlüssel,
hast du ihn eingesteckt?«
»Sie haben ihn verloren!
Ich packt ihn unverfroren.
Sie haben's nicht entdeckt!«

12. Die Fesseln sind gefallen
Kein Räuber wurde wach.
Wir sind davongelaufen.
Wir durften nicht verschnaufen.
Und keiner kam uns nach.

13. Wir sind davongekommen.
Zu Ende war die Not.
Doch fahre ich bis heute,
glaubt mir's, ihr guten Leute,
nie mehr mit einem Boot.

*Wir können uns als Seeräuber verkleiden und
die Geschichte zu dem Lied spielen.
Die Boote können wir durch umgedrehte Tische
andeuten. Es können auch jeweils mehrere Spieler ein Boot bilden. Mit gelben und roten
Tüchern können wir das Feuer zeigen, wenn das
Boot im Meer versinkt. Richtige Ketten brauchen
wir nicht. Wir können spielen, dass wir aneinander gekettet sind und uns selber später
davon befreien.
Auch das Elend der Räuber lässt sich darstellen: Sie bringen zunächst viele Amphoren Wein
von dem einen Schiff zum anderen und trinken
sie dann leer. Auch diese Tonkrüge stellen wir
dar, ohne wirkliche Krüge zu benutzen.*

Das Wagenrennen im Circus Maximus

Beatus hatte einen Feiertag für den Besuch des Wagenrennens ausgesucht. Dann war immer am meisten los. So zogen sie am frühen Morgen nun wirklich zusammen los. Amandus, Rufus und Emil, dahinter Cornelia und Quirinus und ganz zum Schluss die beiden Sklaven. In der dritten Reihe ging Beatus neben Felicitas her. Zuerst recht schweigsam, dann immer lauter und fröhlicher. Und irgendwie war er seinem jüngeren Bruder dankbar, dass er sich so dafür eingesetzt hatte, Felicitas unbedingt mitzunehmen.

Je näher sie dem Circus Maximus kamen, umso größer wurde das Gedränge. Halb Rom schien schon so früh auf den Beinen zu sein. Am Eingang mussten sie dann anstehen, weil die Leute von allen Seiten herbeiströmten. Der Eintritt kostete nichts. Als sie sich durchgedrängt hatten, brüllte Quirinus ihnen zu: »Seht, dass wir Plätze in der Nähe der hohen Säulen bekommen! Dort ist es am engsten. Und dort müssen die Wagen in die enge Kurve!« Schon eilte er los und alle anderen hinter ihm her. Sie drängten sich durch die vielen Menschen, die alle nach guten Plätzen suchten, und saßen endlich schwitzend und schnaufend genau dort, wo Quirinus hingewollt hatte. Sie saßen also an der engen Kurve und recht hoch, sodass sie die Wendesäulen direkt vor sich hatten und die Rennbahn gut überschauen konnten.

Amandus blickte sich um. »Wie viele Leute sind das wohl?«, fragte er. »Mehr als fünfzigtausend!«, antwortete Rufus. »Hunderttausend!«, schätzte Emil. Beatus schüttelte den Kopf. »Da sind noch Plätze frei!« Er zeigte über die Rennbahn zur anderen Seite. »Aber da kommen immer noch Leute!« Wenn alle Bänke besetzt sind, sind es viel mehr als einhunderttausend.«

Quirinus stieß sie von hinten an. »Ich bin gleich wieder da!«

»Wohin will er?«, fragte Amandus, als er ihn mit eiligen Schritten nach unten gehen sah.

»Er fragt, welche Wagen die besten Chancen im Rennen haben. Dann will er Geld auf die Sieger setzen!«

»Also wetten?« Beatus rutschte unruhig auf seinem Platz hin und her. »Wenn ich Geld hätte…!«

Da drückte ihm Cornelia etwas in die Hand. »Na, lauf schon!«, lachte sie. »Setze aber auf den richtigen Wagen!«

Emil hatte mit offenem Mund zugesehen. Nun meinte er: »Mein Vater sagt, manche Leute verwetten hier viel Geld! Nachher haben sie nichts mehr!«

»Da brauchst du bei Beatus keine Sorge zu haben!«, lachte Cornelia. »Er hat nur Geld für den kleinsten Einsatz!«

Aber dann hatte Amandus nur noch Augen für das Rennen. Er bemerkte nicht, dass Beatus und Quirinus zurückgekommen waren und wieder ihre Plätze eingenommen hatten. Nicht die gleichen Plätze. Beatus hatte sich jetzt neben Felicitas gesetzt. Cornelia beugte sich nach vorn zu den Jungen und zeigte zum Start. »Es sollen heute über neunzig Wagenrennen durchgeführt werden!«, sagte sie. »Jedes Pferdegespann trägt eine bestimmte Farbe.

Seht ihr die roten Gespanne? Sie stehen unter dem Schutz des Mars!«

»Und die Blauen?«, fragte Amandus.

»Neptun, der Gott des Meeres, schützt die blauen. Venus schützt die grünen. Die weißen Gespanne werden von Jupiter beschützt!« »Die weißen Gespanne gehören dem Kaiser!«, fügte Emil hinzu und schrie gleich lauf auf: »Jetzt wird gestartet! Sie werfen ein weißes Tuch auf den Boden! Das ist das Startzeichen!« Er verschluckte sich fast vor Aufregung. »Passt auf! Passt auf! Jetzt fliegen die Türen auf!« Schon schossen die Wagen mit ihren Pferden aus ihren Buchten.

Emil zählte laut je vier Pferde vor jedem Wagen.

»Vierspänner!«, rief Rufus. »Quadrigae![7]«

Jeder Wagen war reich geschmückt.

»Zwölf Wagen starten zu jedem Rennen!«, sagte Beatus. »Und jeder muss sieben Runden drehen. Das sind ungefähr acht Kilometer.

»Die Bigae[8] kommen auch noch!«, übertönte ihn Emil. »Vielleicht kommen die Zweispänner in der nächsten Runde!«

Die ersten Rennwagen rasten näher. Sie donnerten rund um eine lange Mauer, die in der Mitte der Rennbahn stand, herum. Am Ende kamen dann die Wendesäulen. Die Wagenlenker jagten ihre Gespanne um diese Säulen herum. Hier am anderen Ende der Bahn war es am engsten. Jetzt begriffen die Jungen, warum Beatus diese Plätze ausgewählt hatte. Es waren sehr begehrte Plätze.

Wenn die Wagen mit ihren vier Pferden davor um die Kurve bei den Wendesäulen rasten, ging es auf der Rennbahn so eng zu, dass sich die Gespanne in die Quere kamen. Da brauchte es viel Geschick, um am anderen sicher und schnell vorbeizukommen. Aber das gelang nicht allen.

Rufus sprang auf, als er sah, dass sich zwei Wagen mit den Rädern streiften. Die Zuschauer auf den Rängen brüllten laut. Der eine Wagen schlingerte, kam aber doch wieder in Fahrt und raste weiter. Der zweite Wagen wurde dabei an die Wand gedrängt und fiel um. Deutlich war zu hören, wie die Reifen zersplitterten.

Die Leute standen auf, um zu sehen, was mit dem Fahrer passiert war.

Die Wagenlenker hatten bei der Fahrt die Zügel um ihre Körper gebunden. Oft schon war es vorgekommen, dass sie unter die Räder und Hufe der anderen Gespanne kamen.

»Er humpelt!«, rief einer. Da konnten sie alle sehen, wie der Mann am Arm hinausgeführt wurde. Andere Helfer hatten die Pferde eingefangen und kümmerten sich jetzt um den Wagen. Doch schon braussten die Rennwagen in die nächste Runde.

Sieben Runden waren zu fahren. Wer dann als Erster ins Ziel kam, war der Sieger. Wieder rasten die Wagen um die Kurve. Je leichter gebaut diese Wagen waren, umso schneller waren sie.

Diesmal ging alles gut. Alle Wagen waren gut um die Kurve gekommen.

Nun die dritte Runde, die vierte, die fünfte. Dann prallten zwei Wagen aneinander. Pferde stürzten und Wagenteile wurden zerschmettert. Amandus presste vor Aufregung beide Hände zusammen. Cornelia drückte sich eng an Quirinus, und Beatus

---

[7] Quadriga (Mehrzahl Quadrigae) = der Vierspänner
[8] Biga (Mehrzahl Bigae) = Zweispänner; von zwei Pferden gezogen

legte seinen Arm für einen Augenblick schützend um Felicitas.

Wieder rannten ein paar Helfer zur Unfallstelle. Sie brachten gleich zwei Tragbahren mit. Dann trugen sie die beiden Wagenlenker auf den Bahren aus der Arena hinaus.

»Sie sind doch nicht tot?«, fragte Emil.

»Bestimmt nicht!«, meinte Rufus. »Die halten viel aus. Und außerdem sind sie ja auch noch besonders geschützt.«

»Beim Sturz haben sie ihre Helme verloren!«, stellte Emil fest.

»Beatus!« Amandus rüttelte am Arm seines Bruders, der sich ganz Felicitas zugewendet hatte. »Beatus, die beiden Fahrer sind doch nicht tot?«

Beatus zuckte mit der Schulter. »Weiß nicht! Aber dort drüben ist jetzt die Siegerehrung. Der Sieger erhält eine Siegespalme und eine Geldbörse, die mit Gold gefüllt ist!«

Und dann war alles schon bereit für die nächste Runde.

Das Startzeichen. Die Türen flogen auf und wieder rasten die Pferde mit ihren Wagen los. Das Publikum feuerte die Wagenlenker mit hellen Schreien neu an. Und dann gleich wieder große Aufregung, weil ein Wagen aus der Kurve herausgetragen worden war.

»Habt ihr keinen Hunger?« Felicitas war aufgestanden und reckte sich. Die Sonne stand hoch am Himmel. Es musste längst Mittag sein. »Kommt, wir essen etwas!«,

sagte sie und ging gleich mit schnellen Schritten voraus. Beatus und die drei Jungen folgten. An einem Stand kauften sie einen Imbiss. Brot gab es umsonst. Und die Trauben waren billig. Dazu einen Becher Wasser. Dann eilten sie zurück zu ihren Plätzen. Nein, an diesem Tag wollten sie kein einziges Rennen verpassen!

Über vierzig Rennen waren schon gelaufen. Aber es war noch lange hin bis zum letzten Rennen. Als sie zurückgingen, jagten zwei Wagen in einer Staubwolke auf die Ziellinie gegenüber der Kaiserloge zu und bremsten so stark, dass noch einmal der Staub hoch aufwirbelte. »Die Blauen sind Sieger!«, brüllten die Jungen mit den anderen. Die Zuschauer schrien wie wild vor Begeisterung. »Die Blauen! Die Blauen!« Manch einer war bereits heiser. »Auf wen hast du gewettet?«, fragte Amandus seinen Bruder. »Auf die Blauen?« Doch Beatus winkte ab. »Vielleicht hat Quirinus mehr Glück als ich!«

Müde zogen sie dann später heim. Immer wieder erinnerte einer von ihnen an eines der vielen Erlebnisse dieses Tages. »Ob viele Wagenlenker verletzt sind?«, fragte Emil nachdenklich. »Es sterben auch welche nach solch einem Sturz!«, antwortete Rufus. Amandus dachte an die beiden Lenker, die auf Tragbahren herausgetragen wurden. Sie hatten ihre Helme verloren, die ihre Köpfe schützen sollten.

»Ich möchte kein Wagenlenker sein!«,
sagte Emil. »Nie im Leben!«
»Sie tragen alle Helme und ganz enge, fest
anliegende Schutzbekleidung aus Leder«,
erklärte Quirinus. »Jeder trägt solch einen
Harnisch, der beim Fallen schützt.«
»Ich habe einen Freund«, sagte Emils
Sklave plötzlich, »der war Wagenlenker. Er
war Sklave wie ich. Aber er war so
geschickt, dass er viele Siege errungen hat.
Und dafür wurde er gut belohnt. Am Ende
hatte er so viel Geld, dass er sich freikaufen
konnte. Jetzt ist er ein freier Mann und
kein Sklave mehr.«
»Viele Sklaven haben das schon versucht!«,
fügte Crispinus hinzu. »Aber es ist nur
wenigen gelungen, sich freizukaufen.«

Als sie sich dann vor dem Eingang ihres
Mietshauses verabschiedeten, schlug
Beatus seinem Bruder vor, Emil und seine
Schwester heimzubegleiten.
Emil und Amandus führten die kleine
Gruppe an, Felicitas und Beatus folgten.
Als sie ein Stück gegangen waren, blieb
Emil stehen und stieß seinen Freund leicht
in die Seite. »Hast du etwas bemerkt?«,
fragte er und musste kichern.
»Große Liebe!«, antwortete Amandus und
grinste.
»Habt ihr was?«, fragte Beatus, weil er fast
gegen die beiden gerannt wäre.
»Wir doch nicht!«, tönte es wie aus einem
Mund.
»Hier wohnen wir!«, sagte Felicitas und
nickte dem Sklaven zu. Er beeilte sich, die
Tür zu öffnen.

Wieder Abschied nehmen

Viel zu schnell waren die Besuchstage herumgegangen. Zwischendurch waren alle, Quirinus, Cornelia und die Kinder, eine Woche bei den anderen Großeltern gewesen. Nun hatte Cornelia bereits die letzten Dinge verpackt. Morgen wollten sie wieder mit dem Schiff von Ostia aufbrechen.

»Lasst mich doch nach Ostia mitfahren!«, bettelte Amandus.

»Du musst zur Schule!« Olivia war unerbittlich. »Das ist deine Pflicht!«

Als Quirinus bemerkte, wie traurig Amandus war, setzte er sich zu ihm.

»Meinst du, ich habe Lust, jetzt wieder an die Grenze zu reisen?«, fragte er und gab sich selbst die Antwort. »Auch ich muss meine Pflicht erfüllen. Wir werden mit dem Heer weiter in den Norden ziehen. Wir müssen nach Obergermanien, das wir schon eingenommen haben. Direkt an die Grenze von dem immer noch nicht besetzten Germanien. Ich muss gleich in ein großes Militärlager. Je mehr man nach Norden kommt, um so kälter wird der Winter. Und Schnee kann es auch mehr als genug geben. Wenn ich dann zu Hause bei Cornelia sein könnte…«, seufzte er.

»Du schläfst auch im Lager?«, fragte Amandus.

Quirinus nickte. »Heim zu Cornelia und meinen Kindern kann ich nicht so oft. Sie wohnt in der Nähe. Dort, wo noch viel mehr Frauen mit ihren Kindern wohnen, deren Männer Soldaten sind. Wir Legionäre haben ein gutes festes Lager. Klar! Aber ein Soldatenlager! Und es ist so nah an der Grenze, dass wir immer mit Grenzgefechten rechnen müssen.«

Er nickte Amandus zu. »Dein Vater kommt und mit ihm viele Legionen. Sie kommen, um Land zu erobern und die feindlichen Stämme und Völker zu unterwerfen. Diese werden dann römische Provinzen, also Teile unseres Römischen Reiches. Wenn er siegreich zurückkehrt nach Rom, dann müssen wir das neu eroberte Land besetzen und verwalten. Es müssen neue Grenzlinien gezogen werden. Und wenn ein hoher und fester Grenzwall wie im Norden erbaut ist, dann braucht der Kaiser viele Männer, um die neuen Grenzen und den Grenzwall zu schützen.«

»Den Limes meinst du!« Amandus dachte daran, was ihm Quirinus selbst von dem hohen Schutzwall mit den vielen Wachttürmen erzählt hatte, die in ein paar hundert Metern Abstand auf Sichtweite standen. Er zog sich an der gesamten Grenze nach Germanien entlang.

»An der Grenze musst du Tag und Nacht

aufpassen!«, sagte Quirinus. »Und wenn du einer von denen bist, die eine besondere Verantwortung tragen und oft auch besonders gefährdet sind, dann ist das gar nicht so schön.«

»Gibt es viele Kämpfe?«, fragte Amandus.

»Die Feinde schlafen nicht!« Quirinus räusperte sich. »Wenn ich mich an der Grenze bewähre, wenn man in Rom davon hört, wie tapfer ich bin, dann wird man mich vielleicht rufen und mich später einmal zu einem Militärtribunen machen oder mir eine andere Stelle geben.«

»Wie will man davon in Rom erfahren?«

»Du glaubst nicht, wie schnell etwas weitergegeben wird!«, lachte Quirinus. »Ich will jedenfalls vor unserer Abreise Mars noch ein Opfer bringen. Vielleicht ist mir der Kriegsgott gut gesinnt!«

»Mir ist Minerva lieber!«, meinte Amandus. »Sie trägt zwar auch Helm und Rüstung, aber…«

»Sie ist die Göttin des Handwerks und der Weisheit!«, unterbrach ihn Quirinus. »Du möchtest kein Soldat werden?«

»Vielleicht ein Senator!«, antwortete Amandus zögernd. »Oder ein Gelehrter!«

»Nicht schlecht!«, nickte sein Schwager. »Dann könntest du jetzt hier bleiben und brauchtest nicht wie wir morgen wieder abzureisen!«

Er stand auf, um Cornelia bei den letzten Reisevorbereitungen noch zu helfen.

Später, als er sich längst zum Schlafen hingelegt hatte, musste Amandus immer noch an die Götter denken. Seine Familie hatte wie die von Emil einen kleinen Hausaltar. Die großen Altäre der Götter standen vor ihren Tempeln auf dem Kapitolhügel. Im Tempel stand eine Statue der Gottheit. Er musste unbedingt morgen zum Tempel auf dem Kapitolhügel und dort Jupiter vor seinem Hauptheiligtum ein Opfer bringen. Vielleicht gleich nach der Schule. Dann ging Crispinus mit. Er erinnerte sich, dass er zum letzten Mal mit seinem Vater dort war. Laetus hatte ihm von den Göttern erzählt. Von Jupiter, dem obersten aller Götter, dem Gott des Himmels. Von seiner Frau Juno und von Minerva, von Mars dem Kriegsgott und Neptun, dem Gott des Meeres und des Wassers. Amandus liebte den Gott Apollo besonders. Sein Standbild im Tempel zeigte, wie jung und schön er war. Dann gab es noch Diana, die Göttin des Mondes, der Jagd und der Nacht und Venus, die Göttin der Liebe und Schönheit. Nur wenn sein Vater von Pluto erzählte, dem Gott des Todes, dann hielt sich Amandus beide Ohren zu.
Sein Vater hatte ihm auch erklärt, dass

Jupiter der größte, wichtigste und beste Gott war und im Himmel lebte. Vielleicht würde er auch Jupiters Frau, der Juno, noch ein Opfer bringen. Weil sie die Beschützerin der Frauen war, sollte sie ganz besonders auf Cornelia Acht geben.[9]
Sicher würde es seine Mutter erlauben. Sie würde ihm auch ein paar Münzen geben, die er den Göttern opfern konnte. Sie wusste, dass Amandus auch wegen seines Vaters dorthin wollte.

9 Noch einige bekannte römische Götter:
  Saturn, der Gott der Saat und der Bauern.
  Merkur, der Götterbote und der Gott der Kaufleute.
  Mithras, der Gott der Dunkelheit und des Lichts, des Guten und des Bösen
  (er war aus Persien zu den Römern gekommen).
  Bacchus, der Gott des Weins und der Leben spendenden Kräfte (er stammt aus Griechenland).

Im Amphitheater

Text: Rolf Krenzer   Musik: Paul G. Walter

Refrain

Im Am - phi - the - a - ter gibt es viel zu sehn.

Wer et - was er - le - ben will, der braucht nur hin - zu - gehn.

1. Die Lö - wen brül - len fürch - ter - lich, und sie er - schre - cken

dich und mich. Brrr, brr, brrr. Brrr, brr,

brrr. Sie brül - len fürch - ter - lich.

2. Die Elefanten, groß und schwer,
schwenken die Rüssel hin und her.
Tä, tä, tä, tä, tä, tä,
die Rüssel hin und her.

3. Die Tiger schleichen durch den Sand,
und sie zu reizen ist riskant.
Chr, chr, chr, chr, chr, chr,
ja, das ist sehr riskant.

4. Der Eber greift am liebsten dann
mit seinen großen Hauern an.
Hrr, hrr, hrr,
hrr, hrr, hrr,
mit seinen Hauern an.

5. Kommt nun das Dromedar, dann seht
wie gravitätisch es hier geht.
Ho, ho, ho,
ho, ho, ho.
Seht nur, wie es hier geht!

6. Die Affen springen wild herum
und prügeln sich vorm Publikum.
Sst, sst, sst,
Sst, sst, sst,
direkt vorm Publikum.

7. Da kommt ein dicker, großer Bär.
Der Bär schwankt immer hin und her.
Brumm, brumm, brumm,
brumm, brumm, brumm,
so kommt der Bär daher.

8. Die Zebras sehn, macht euch nichts
draus,
fast wie gestreifte Pferde aus.
Hi, hi, hi,
hi, hi, hi.
So ähnlich sehn sie aus.

9. Gladiatoren kommen jetzt!
Gebt Acht, dass keiner sich verletzt!
Gebt nur Acht!
Gebt nur Acht,
dass keiner sich verletzt!

10. Und kommen noch die Pferde rein,
darf jeder jetzt ein Reiter sein!
Hopp, hopp, hopp,
hopp, hopp, hopp,
jetzt darf man Reiter sein!

*Einige oder alle Spieler stellen zu jeder Strophe
die genannten Tiere dar. Sie schleichen wie
Tiger, trampeln wie Elefanten, raufen wie Affen
usw.*
*Die Gladiatoren zeigen ihre Körperkräfte und
können z. B. miteinander ringen.*
*Zum Schluss sind einige Spieler Pferde, andere
dürfen auf ihnen eine Runde reiten.*
Möglich ist auch ein Reiterkampf zum Schluss.

Morgen wird der Vater heimkommen

Wie ein Lauffeuer hatte es sich herumgesprochen, dass nach einer großen gewonnenen Schlacht das Heer auf der Via Appia auf Rom zu marschierte. Amandus brachte die Nachricht bereits aus der Schule mit. Morgen gab es schulfrei, denn morgen würde das siegreiche Heer Rom erreichen! Morgen wäre sein Vater wieder bei ihnen.

Jetzt bedauerte es Emil sehr, dass sein Vater morgen nicht vor dem Kaiser durch den Triumphbogen reiten oder schreiten konnte. Aber dabei sein musste er unbedingt. Deshalb fragte er seinen Freund. Amandus war sofort bereit, ihn mitzunehmen. Sicher dachte er dabei auch an seinen eigenen Triumph, wenn es Laetus, sein Vater war, der wieder von dem Kaiser geehrt wurde. Das machte ihn und alle, die dabei waren und um ihn herum standen, glücklich und stolz.

Die Sklaven und Diener hatten es auf der Straße gehört. Und als Olivia mit ihrer Sklavin von den Thermen heimkam, begann sie sogleich anzuordnen, was für morgen alles vorbereitet werden musste.

Bald eilten die Sklavinnen und Sklaven mit ihren Amphoren, den großen Tonkrügen, im Arm oder auf dem Kopf zum nächsten Brunnen, um Wasser zu holen. Darauf liefen sie schnellen Schrittes mit ihren Körben durch die Straßen zu den Bäcker-, Fleischer-, Obst und Fischhändlern, um für morgen und die nächsten Tage einzukaufen. Wenn der Herr nach Hause kam, musste reichlich aufgetischt werden. Und weil gegen Abend seine Freunde kamen, um mit ihm den Sieg zu feiern, musste das Beste auf den Tisch.

Am Abend kam auch Beatus nach Hause. »Wir haben morgen frei!«, verkündete er. Er freute sich sehr auf diesen Tag. Nächstes Jahr, wenn alles klappte, dann würde er mit dabei sein, wenn die tapferen Legionäre durch den Triumphbogen marschierten. Vielleicht durfte er sogar neben seinem Vater reiten. Nächstes Jahr war es endlich so weit.

Vor dem Einschlafen lagen Beatus und Amandus auf ihren Liegen und malten sich aus, wie die Legionäre auf der Via Appia nach Rom marschierten. Und Lucius, ihr jüngerer Bruder, lag mit offenen Augen neben ihnen und hörte begeistert zu.

Eine Legion von rund fünftausend Fußsoldaten würde zurückkommen, aufgeteilt in Einheiten von achtzig Soldaten, den Zenturien. Sechs Zenturien ergeben eine Kohorte von vierhundertachtzig Soldaten. Zehn Kohorten bilden eine Legion.

Müde würden sie sein, die Legionäre, und ebenso stolz wie die mutigen und tapferen Zenturionen.[10] Sie waren wieder einmal über die Grenze des Römischen Reiches gestoßen, hatten Feinde geschlagen und zu Gefangenen gemacht und hatten für Rom ein weiteres Stück Welt erobert.

Die Sieger kamen zurück. Doch es waren auch römische Soldaten in den zahlreichen Kämpfen ums Leben gekommen. Da würde manch einer in Rom umsonst auf die Rückkehr des Bruders, des Sohnes oder des Ehemanns warten.

10 Der Zenturio war der Kommandeur der kleinsten Einheit, der Centuria. Er war der wichtigste Mann im Kampf und stand immer in der ersten Linie. Damit seine Soldaten ihn besser sehen konnten, trug er auch im Kampf einen Helmbusch, der quer gestellt war. Er trug einen Stock als Zeichen seiner Befehlsgewalt.

An einem festen Stock trugen die Soldaten ihr Marschgepäck über dem Rücken. Über dreißig Kilo schleppten sie mit sich: Waffen, Werkzeug und Schanzzeug, das Kochgeschirr, Vorräte (Proviant) und allerlei persönliche Dinge. Jeder Legionär hatte seine Kleider zu tragen, eine Schlafmatte, einen Eimer, eine Spitzhacke, eine Säge, eine Schaufel und sein Essen für drei Tage. Zu dem sperrigen rechteckigen Schild kamen zwei Wurfspeere und ein Kurzschwert. Der Eisenhelm auf dem Kopf mit dem Nackenschutz und den Klappen für die Backen war ebenso schwer wie das Kettenhemd, das im Kampf schützte.

Mit den Soldaten würden die Maulesel kommen, die die Zelte trugen. Die obersten Anführer des Heeres ritten auf ihren Pferden.

Lang und beschwerlich war der Weg nach Rom. Aber jetzt, wo sie kurz vor der Stadt ihr letztes Lager aufgeschlagen hatten, würden die Strapazen bald vergessen sein. Morgen würden sie in Rom einmarschieren. Durch die Stadt und durch den Triumphbogen. Die Leute würden ihnen zujubeln. Und der Kaiser würde sie ehren. Wie gerne wäre Beatus morgen mitten unter diesen Legionären gewesen und nicht nur Zuschauer auf dem Forum.

»Ich würde nicht mitziehen!«, sagte Amandus schließlich und gähnte.

Beatus schnaubte empört. »Wir brauchen immer neue Soldaten! Sie bewerben sich aus allen Provinzen des Römischen Reiches, von Hispania bis Graecia, von Armenia bis Syria[11].«

»Hm!« Amandus hielt sich die Hand vor den Mund.

»Sie werden jährlich für ihren Dienst für Rom bezahlt.«, erklärte der Bruder. »Fünfundzwanzig Jahre lang kämpfen sie für Rom. Und am Ende dieser Zeit bekommen sie recht viel Geld auf die Hand und dazu ein Stück Land. So sind viele Bauern geworden. Das ist doch toll? Oder?!«

Amandus antwortete nicht mehr. Er war eingeschlafen.

[11] Von Spanien bis Griechenland, von Armenien bis Syrien.

70

Ein Triumphzug durch das Siegestor

Amandus und Beatus aßen einen Bissen und tranken einen Schluck hinterher, dann machten sie sich mit Crispinus auf den Weg. Olivia hatte zugestimmt, dass sie bei Emil vorbeigehen und ihn mitnehmen durften. Und als Crispinus fragte, ob seine Frau Serena und seine Tochter Afra mitkommen dürften, nickte sie gleich zustimmend. Amandus grinste, als dann nicht nur Emil mit seinem Sklaven, sondern auch seine Schwester bereits wartete. Also hatte sich sein großer Bruder bestimmt längst heimlich mit Felicitas verabredet.

Je weiter sie dann zur Innenstadt kamen, umso größer wurde das Gedränge. Jeder hatte erfahren, dass eine siegreiche Legion des Kaisers zurückkommen würde. Seit den frühen Morgenstunden waren bereits unzählige Schaulustige unterwegs. Die Stadt wimmelte von Menschen. Dort, wo der Zug hindurchkommen würde, waren alle Fensterplätze längst besetzt und überfüllt.

Einige wussten bereits, dass der Kaiser selbst mit seinen ehrwürdigen Senatoren in aller Frühe bereits dem Zug entgegengegangen war und ihn vor Rom erwartete. Er würde sich an die Spitze der Legionäre setzen und vor ihnen durch den Triumphbogen kommen.

Sie waren an diesem Morgen alle so früh aufgestanden, dass es noch dunkel war und die Öllampen angezündet werden mussten. Olivia wollte zum Forum und die Kinder durften mit. Nur die Kleinsten sollten bei einigen Dienerinnen zurückbleiben. Aber die meisten Sklavinnen und Sklaven, die Dienerinnen und Diener kamen mit. Schließlich kam heute der Herr wieder zurück nach Hause!

Der kleinen Gruppe mit Amandus war es gelungen, sich bis zum Forum vorzudrängen. Jetzt sah Amandus auch seine Mutter. Weil der Vater ein angesehener Anführer war, stand seiner Familie auch ein Ehrenplatz in der Menge zu.

Beatus nahm Felicitas am Arm. Amandus und Emil folgten ihnen dicht auf den Fersen. Und Crispinus schaffte es ebenso, mit seiner Familie bei ihnen zu bleiben.

Hier bei Olivia standen auch die anderen Familien und warteten. Sie warteten Stunde um Stunde. Wie damals im Circus Maximus drängen sich auch jetzt wieder Händler durch die Menge, die es irgendwie schafften, selbst hier den Leuten Gebäck und Obst und Getränke anzubieten. Als einer in ihrer Nähe war, sorgte Olivia dafür, dass jeder einen Fruchtsaft bekam.

Gegen Mittag brachen in der Ferne laute Hochrufe aus.

»Sie kommen!«, schrie Emil und stieß Amandus an. Alle Köpfe wendeten sich zu dem Triumphbogen, doch es war noch nichts zu erkennen. »Es dauert noch einige Zeit!«, sagte Beatus. »Aber der Zug hat Rom schon erreicht und zieht jetzt durch die Stadt!« Gegenüber auf dem Podest über der Treppe hatten sich die Senatoren und Auguren eingefunden. Aus den Senatoren, den wichtigsten und reichsten Männern Roms, hatte der Kaiser sechzehn Auguren ausgewählt. Alle sechzehn Auguren waren Weissager und hatten dafür zu sorgen, dass die Götter hinter ihm standen und ihn in allem unterstützten. Sie hatten auch den guten Ausgang des Feldzugs vorausgesagt. Jetzt hoben sie ihre Arme hoch und grüßten die dicht gedrängten Menschen auf dem großen Platz.

»Sie kommen!«

Ein Schrei! Noch einer! Die Menge geriet in Erregung. Alle blickten hinüber zum Triumphbogen.

Nun schritten die übrigen Senatoren durch das Tor. Ihnen folgten die Fanfaren und Trompeten, die einen ohrenbetäubenden Lärm veranstalteten. Dann ritt der oberste Heerführer, der Anführer dieser Legion, herein. Es folgten die weiteren Anführer des Heeres hoch zu Pferd.

»Vater!«, rief Amandus so laut er konnte. Er sprang in die Luft und wedelte mit den Armen. Doch Laetus konnte ihn weder sehen noch hören. Sein Schrei ging in dem laut aufbrausenden Beifall unter.

Nun folgten die Reihen der Legionäre. Stolz schritten sie durch das Siegestor und ließen sich von dem Volk feiern.

In dem langen Zug wurde alles herbeigetragen, was sie in diesem Feldzug erbeutet hatten. Kostbare Krüge, schwere silberne Ketten, Waffen und Kisten und Kästen voll der seltsamsten Dinge.

Es folgten Priester, die weiße, geschmückte Stiere führten. Viele Tiere, die zum Dank für den Sieg den Göttern geopfert werden sollten.

Laut schrien die Menschen auf, als Soldaten im Zug einen gefesselten halb nackten Mann auf einer Trage trugen. Es musste ein berühmter feindlicher Anführer sein. Sehr viele mit Ketten gefesselte gefangene Soldaten folgten. Auch die Frauen und Kinder, die ihnen folgten, waren aneinander gefesselt. Die Menschen auf dem Platz johlten, als sie sie sahen.

Dann kam der Kaiser selbst durch das Tor. Ja, der Triumphator durfte seinen Triumph voll auskosten. Er fuhr auf einer Quadriga, die von vier Schimmeln gezogen wurde. Gekleidet war er mit dem Purpurgewand des Jupiter, das mit goldenen Sternen bestickt war. Sein Gesicht und seine Arme waren rot bemalt. So sah er aus wie die Statue Jupiters im Tempel. Auf dem Wagen hinter ihm stand ein Sklave. Er trug einen Lorbeerkranz in der Hand und hielt ihn über den Kopf des Triumphators. Als die Menschen den Kaiser erblickten, klatschten und schrien sie laut vor Begeisterung.

»Wie Jupiter ist er!«, riefen sie. »Ein wahrhaft göttlicher Kaiser!«
»Was flüstert ihm der Sklave dauernd ins Ohr?«, fragte Emil und deutete nach vorn. »Er sagt ihm doch etwas!«
Beatus wandte sich um. Er hatte seine Frage verstanden. »Er flüstert: Denke immer daran, dass du ein Mensch bist!«
Es waren so viele durch das Tor gekommen, dass die Zuschauer immer weiter zur Seite gedrängt worden waren. Aber nun war das Ereignis auch vorbei. Es war spät geworden. Die Zuschauer machten sich nach und nach auf den Heimweg.

»Gehen wir auch«, meinte Olivia. Jetzt sah Beatus eine gute Gelegenheit, Felicitas der Mutter vorzustellen.

»Die große Schwester Emils!«, sagte er und wurde rot bis über beide Ohren, als die Mutter fragte: »Nur die große Schwester?« Aber dann lachte sie so herzlich und legte den Arm um das Mädchen, dass Beatus einfach nur sagen musste: »Als Cornelia so alt wie Felicitas war, war sie bereits verheiratet!«

»Na, na!«, drohte ihm Olivia mit dem Finger. »Da verdiente ihr Mann auch sein erstes Geld.«

»Nächstes Jahr!«, antwortete Beatus zuversichtlich. »Nächstes Jahr bin ich auch so weit!«

Dann machten sie sich alle zusammen auf den Heimweg. Sie kamen jetzt gut voran, weil die Leute alle aus der Stadt herausgingen.

Wir spielen wie Römer
und ziehen uns wie Römer an

Wagenrennen

Biga-Rennen

Zwei Spieler stellen die Pferde dar, ein dritter Spieler den Wagenlenker auf dem Wagen. Wir brauchen ein langes Seil oder Band. Die beiden Pferde halten sich an der Hand. Das rechte Pferd nimmt mit der rechten Hand das Seil, das linke Pferd mit der linken. Der Wagenlenker hinter ihnen packt das Seil mit beiden Händen.
Wenn jetzt die Pferde lostraben, kann man bereits die erste Runde ausprobieren.
Später wird genau festgelegt, wo der Start und wo das Ziel ist. Dann geht es mit zwei oder drei Gespannen um die Wette.
Wer am schnellsten ist, ist der Sieger.
Wir können jeden einzelnen Wagenlenker auch mit seinen Pferden für sich fahren lassen und die Zeit stoppen.

Quadriga-Rennen

Wenn wir vier Pferde vor den Wagen spannen, haben wir die Quadriga. Die Pferde nehmen rechts außen und links außen das Seil in die Hand. Alle vier Pferde halten sich an den Händen.

Pferde

Wer richtige Reiter auf Pferden vor die Biga oder die Quadriga setzen will, der kann auf Steckenpferden reiten, die man kaufen kann. Wenn Erwachsene helfen, kann man aber auch einen Pferdekopf aus Holz, Styropor, Pappe oder einem ausgestopften Socken anfertigen und diesen an einem dickeren Stock befestigen, den man dann nur noch zwischen die Beine nehmen muss. Man kann auch einen Besen oder einen Schrubber mit einem nicht zu langen Stiel verwenden. Das Besen- oder Schrubberteil wird dann zum Pferdekopf. Wenn wir dieses Teil mit einem braunen, schwarzen oder weißen Lappen umwickeln, wird es zum Fuchs, zum Rappen oder gar zum Schimmel.

76

Wenn wir uns wie Römer kleiden

Ganz ehrlich, wenn wir uns genau wie die Römerkinder kleiden wollten, dann müssten wertvolle Betttücher und Bettdecken zerschnitten werden. Zudem müssten uns die Erwachsenen viel helfen. Viel einfacher ist es, wenn wir uns so kleiden, dass wir zwar wie Römerkinder aussehen, dabei aber Material benutzen, das wir bereits haben.

Fast echte Römer-Sandalen
Die Römer trugen Sandalen mit zwei langen Bändern, die kreuzweise bis unter das Knie um die nackten Beine geschlungen wurden und die Schuhe festhielten.

Auch heute kann man solche Sandalen gelegentlich noch kaufen. Wir können aber unsere eigenen Sandalen anziehen und zwei braune Bänder kreuzweise um unsere Beine schlingen. Es fällt kaum auf, dass die Bänder nicht wirklich mit den Sandalen verbunden sind.

Die Tunika sieht man kaum
Wir brauchen nicht mehr als ein langes T-Shirt vom großen Bruder oder vom Vater. Je länger, desto besser. Um die Taille binden wir uns einen Gürtel, dann wird aus dem T-Shirt eine fast echte Tunika.

Die Toga ist sehr bequem
Für die Toga reicht ein älteres weißes Betttuch. Es wird über die Schulter gelegt und um den Körper gewickelt. Man kann es mit einem Ende am Gürtel der Tunika befestigen. Fertig ist die Toga!
Die Toga ist ein sehr praktisches Kleidungsstück. Man kann sie über den Kopf ziehen oder um beide Schultern legen. Man kann auch ein Ende des Tuches um den Hals legen und wie einen langen Schal über eine Schulter nach hinten werfen.

Warten auf den Vater

Amandus spürte, dass die ganze Familie ebenso wie er sehnlichst darauf wartete, dass der Vater nach Hause kam. Aber auch den Dienern und Sklaven war es anzumerken, dass sie ebenso auf ihn warteten. Laetus war der Besitzer dieser großen Wohnung, er war auch der Herr der Familie. Er war überhaupt die wichtigste Person der Familie. Die Räume waren sorgsam aufgeräumt und geschmückt. Es sollte dem Herrn wieder zu Hause gefallen.

In dem großen Wohnraum war ein festliches Essen aufgetischt. Olivia hatte dafür gesorgt, dass heute Abend nur das Beste auf den Tisch kam. Natürlich auch das, was Laetus am liebsten aß. Im Bratentopf wartete ein Huhn, das mit gekochten Erbsen, selbst hergestellten scharfen Würstchen und vielen Kräutern gefüllt war.[12]

Weil die kleine Ursula es vor Aufregung kaum noch aushielt, hatte Sophia sie mit in die Küche genommen. »Du darfst eine *Dulcia*[13], eine süße Nachspeise, für deinen Papa kochen!«, schlug sie vor. Und als sie versicherte, dass Laetus diese *Dulcia* ganz besonders gern aß, da war Ursula mit strahlenden Augen am Werk.

Zuerst kochten sie Weizenmehl in heißer Milch zu einem sehr steifen Brei. Sophia strich ihn auf einer Platte aus. Als er kalt geworden war, durfte Ursula ihn ganz vorsichtig mit dem Küchenmesser in kleine Vierecke schneiden.

Nun schüttete Sophia aus einer Kanne Öl in eine Pfanne. Als es richtig heiß war, legte sie mit Ursula all die kleinen Vierecke hinein, die Ursula ausgeschnitten hatte. Gleich begann es in der Pfanne zu brutzeln. Heimlich waren Amandus und Lucius gefolgt und schnupperten nun den verheißungsvollen Duft.

»Vorsicht! Aufpassen!«, rief Sophia. Sie holte die gebratenen Stückchen aus dem Fett und legte sie auf eine Platte. Darauf durfte Ursula sie ganz behutsam mit Honig begießen. Und dann bestreute Amandus sie mit etwas Pfeffer.

»Eins darf jeder probieren!«, entschied sie und wollte die Platte zum großen Tisch tragen, wo bereits das übrige Essen stand. Aber da begann Lucius bitterlich zu weinen. »Ich will auch ein Lieblingsessen für den Papa kochen!«, jammerte er.

---

[12] Den aus Ton gebrannten Bratentopf benutzen wir heute noch gern. Wir nennen ihn Römertopf.

[13] Dulcia und Eier in Soße kannst du selber nachkochen. Manche Gewürze, die die Römer hatten, haben wir nicht mehr. Aber es gibt andere, die sie ersetzen können. Nach dem berühmten römischen »Kochbuch des Apicius« haben Schüler die Eiersoße ausprobiert: Du brauchst 80g eingeweichte Pinienkerne, 1 Lorbeerblatt, 8 frische Pfefferkörner, je 1 Esslöffel Honig und Essig und 2 Esslöffel Sardellenpaste. Alles wird gemischt, püriert und dann über die gekochten Eier gegeben.

Afra war eine ganz hervorragende Köchin. »Lucius du darfst *Eier mit Soße* kochen!«, sagte sie. »Ich habe alles schon vorbereitet. Ich wollte gerade damit anfangen!«

»Isst Papa sie auch so gern?«, fragte Lucius.

»Lieber als alles andere auf der Welt!« Und nach einem kurzen Blick zu Ursula. »Natürlich außer Dulcia!«

So durfte Lucius Essig und Honig zu einer Soße verrühren. Nun verrieb er Pfeffer, Liebstöckel und eingeweichte Pinienkerne mit *Garum*[14]. Als jeder dann die Soße ein-

mal kosten durfte, waren sich alle einig: Sie schmeckte köstlich.

Nur Ursula fragte: »Warum heißt sie Eiersoße, wenn gar keine Eier dabei sind?«

Da prusteten alle los, und Afra sagte: »Die weichen Eier müssen doch warm sein, wenn sie gegessen werden. Sonst schmeckt es nicht so gut. Ich koche sie erst, kurz bevor ich sie auf den Tisch bringen will.«

»So so!«, antwortete Ursula nur. »Ich esse aber kalte Eier lieber! Und eine Eiersoße ohne Eier ist keine Eiersoße!«

[14] Wer vergessen hat, was Garum ist, kann auf Seite 32 nachsehen.

Die Ballade vom fußkranken Legionär

Text: Rolf Krenzer   Musik: Paul G. Walter

G   D   C   D⁷   G

1. Der Lu-cius war ein Le-gio-när, ein gro-ßer, wil-der Krie-ger.

Em   D   C   D

Vor je-dem Feld-zug sah er sich be-reits als gro-ßer

G   Em   Am   D⁷   G

Sie-ger. Doch lei-der, lei-der hat-te er mit

Em   G/D   G

sei-nen Fü-ßen stets Mal-heur.

2. Kaum zog er los mit seinem Heer
auf langer Heeresstraße,
da hatt' er bald an jedem Fuß
schon eine große Blase.
Denn leider, leider hatte er
mit seinen Füßen stets Malheur.

3. So humpelte er immer mehr,
denn selbst in den Sandalen,
litt er nach ein paar Stunden schon
die schlimmsten Höllenqualen.
Denn leider, leider hatte er
mit seinen Füßen stets Malheur.

4. Und so geriet der Legionär
So nach und nach nach hinten.
So musst ihn sein Zenturio
am Schluss des Heeres finden.
Denn leider, leider hatte er
mit seinen Füßen stets Malheur.

5. »Ich leide«, jammerte der Mann,
»schon wieder Höllenqualen!«
»Geh barfuß!«, ist die Antwort drauf,
»und trage die Sandalen.«
Ja, leider, leider hatte er
mit seinen Füßen stets Malheur.

6. Die Füße drückten ihn nicht mehr
nach gut dreiviertel Stunden
Doch vor ihm war im Straßenstaub
schon längst das Heer verschwunden.
Ja, leider, leider hatte er
mit seinen Füßen dies Malheur.

7. So folgte er dem Heer und blieb
dann hin und wieder stehen.
Er sah den weiten Weg vor sich.
Sein Heer war nicht zu sehen.
Ja, leider, leider hatte er
mit seinen Füßen dies Malheur.

8. Und als er hungrig war, gab man
ihm Brot und Obst zum Leben.
Und für die Nacht hat's überall
ein Bett im Stroh gegeben.
Ja, leider, leider hatte er
mit seinen Füßen dies Malheur.

9. »Habt ihr vielleicht mein Heer
gesehn?«
So hörte man ihn fragen.
»Ich finde die Legion nicht mehr!«
Da half ihm auch kein Klagen.
Ja, leider, leider hatte er
mit seinen Füßen dies Malheur.

10. Als eines Tages kam zurück
sein Heer nach vielen Siegen,
schlich er sich ein ins letzte Glied.
Das mochte ihm genügen.
Denn auf dem Heimweg hatte er
mit seinen Füßen kein Malheur.

11. »Wie kommt's«, fragt der Zenturio,
»dass ich dich nie gesehen?«
»Ich war ja barfuß!«, meint der Mann.
»Da konnt' das schon geschehen!«
Und auf dem Heimweg hatte er
mit seinen Füßen kein Malheur.

12. Und auf der Via Appia
sind sie nach Rom gezogen.
Mit Lucius durch das Siegestor.
Und das ist nicht gelogen.
Bei der Parade hatte er
mit seinen Füßen kein Malheur.

13. Es wurde jeder Legionär
dann überhäuft mit Ehren.
Der Lucius nahm es dankbar an.
Was sollt er sich auch wehren.
Mit dem Gewissen hatte er
wie mit den Füßen kein Malheur.

14. Der Lucius ist ein Legionär,
ein ausgefuchster Krieger.
Beim nächsten Feldzug sieht er sich
bereits als größter Sieger.
Denn so zu siegen ist nicht schwer.
Mit solchen Füßen kein Malheur!

Ein Sklavenjunge

Dann war plötzlich der Vater da und die Kinder umringten ihn. Er lachte laut, hob den kleinen Rogatus hoch über seinen Kopf, nahm Ursula auf den Arm und drückte Lucius so fest er konnte. Er legte seine Arme um Beatus und Amandus und sagte laut: »Meine Söhne!« Und als er sie von der Seite ansah, fragte er: »Seid ihr schon wieder gewachsen?«

Da streckte sich Beatus so hoch er konnte. Und mit Staunen sahen alle, dass er jetzt bereits wirklich ein bisschen größer als sein Vater war.

»Jetzt bist du der Größte in der Familie!«, sagte Olivia, und alle lachten.

Doch Beatus blickte Laetus an und sagte ernst: »Nächstes Jahr, Vater!«

Und Laetus nickte ihm zu. »Beim ersten Feldzug im nächsten Jahr wirst du dabei sein!«

Dann gaben ihn seine Kinder endlich frei, damit er Olivia begrüßen konnte.

Mit einem Kopfnicken begrüßte er dann die Diener und Sklaven.

Darauf packte er Amandus am Arm und ging mit ihm zu dem alten Crispinus.

»Du bringst Amandus wieder zur Schule!«, sagte er leise und wandte sich dann an Amandus. »Früher hat er mich ebenso treu begleitet wie jetzt dich!«

»Ich weiß!«, erwiderte Amandus und rückte noch ein Stück näher an seinen Crispin heran.

»Ich habe noch eine Aufgabe für dich!«, sagte Laetus und blickte den Sklaven ernst an. »Und auch für dich, Amandus!«, fügte er hinzu.

»Ein Anführer der Germanen, ein tapferer Mann, hat mit mir gekämpft. Fast hätte ich verloren, aber am Ende habe ich ihn besiegt. Er war schwer verwundet. Wir haben ihn gefangen genommen, aber nachts hat er sich befreit.

Am selben Tag haben wir die Frauen und Kinder zu Gefangenen gemacht. Seine Frau und sein Sohn gehörten auch dazu.«

Er schaute nachdenklich auf Amandus, bevor er weitersprach.

»Seine Frau wollte auch fliehen. Als unsere Soldaten sie wieder einfangen wollten, hat sie sich verzweifelt gewehrt und wurde dabei getötet. Ihr Sohn hatte sich versteckt. Als ihn die Soldaten fanden, brachten sie ihn zu mir. Sigurd heißt er!«

Noch einmal unterbrach sich der Vater.

»Ich wollte nicht, dass er nun auf dem Sklavenmarkt verkauft wird. Ich habe ihn mitgebracht!«

Jetzt erst entdeckten sie den Jungen, der im Schatten an der Tür gestanden und die ganze Zeit gewartet hatte. Er sah wie ein junger Römer aus. Dafür hatte Laetus bereits gesorgt.

»Sigurdus!«, rief der Vater und der Junge kam sofort näher.

»Er ist so alt wie du!«, sagte Laetus und nickte Amandus zu. Und zu Sigurdus:

»Das ist Amandus, von dem ich dir erzählt habe!«

»Sei gegrüßt, Amandus!«, sagte der Junge und verneigte sich leicht.

»Du sprichst ja unsere Sprache!«, antwortete Amandus verwundert.

»Wir sind bereits eine ganze Weile zusammen!«, lachte Laetus und schlug dem Jungen leicht auf die Schulter. »Und der Junge ist ja nicht dumm!«

»Er soll wie ein Römer erzogen werden! Ich vertraue ihn euch an!« Amandus nickte ernst und reichte Sigurdus die Hand.

»Salve, Sigurdus!«, sagte er, »Sei gegrüßt!«

»Er muss lesen, schreiben und rechnen lernen!«, wandte sich der Vater an den alten Sklaven. »Aber jetzt geht er noch nicht mit Amandus in die Schule. Vielleicht später einmal, wenn Amandus zu einer anderen Schule wechselt.«

»Dann muss ich dir alles beibringen!«, sagte Amandus und lachte Sigurdus an.

»Wir haben doch unseren Nikomedes!«, antwortete Laetus. »Er wird sich auch um Sigurdus kümmern. Er soll auch viel über Rom und über die Römer erfahren. Warum wir immer wieder Feldzüge führen müssen und vieles andere. Und du hilfst ihm, Amandus!«

»Klar!« Amandus konnte nur nicken. Aber jetzt sorgte Olivia dafür, dass das Essen beginnen konnte.

Olivia blickte kurz zu ihrem Mann hin. Als Laetus nickte, wies sie Sigurdus einen Platz am Tisch an. Ein Platz zwischen Beatus und Amandus.

Sigurdus soll ein freier Römer werden

Sigurdus schlief bereits die erste Nacht nicht mit den anderen Sklaven und Dienern im obersten Stockwerk unter dem Dach. Olivia sorgte dafür, dass für ihn eine Liege in das Schlafzimmer der Jungen gestellt wurde.

Der fremde Junge war am ersten Abend bereits so erschöpft von allem, was er erlebt hatte, dass er noch während des Essens einschlief.

»Kein Wunder!«, meinte Laetus, als Crispinus ihn auf seine Arme nahm und hinaustrug. »Er musste ja den langen Weg mitmarschieren. Heute war es besonders anstrengend für ihn. Er ist ja die ganze Zeit neben meinem Pferd hergelaufen.

»Konntest du ihn nicht zu dir auf dein Pferd nehmen?«, fragte Amandus.

»Er ist ein Sklave!« Laetus nickte ihm zu. »Auch wenn er ein Kind ist, da durfte ich keine Ausnahme machen!«

»Er hat Angst gehabt, als sie ihn dann mit den anderen Gefangenen fortgebracht haben. Sie sollen ja alle in den nächsten Tagen verkauft werden«, fügte er hinzu.

»Er hat Angst gehabt, obwohl ich ihn sofort zu meinem persönlichen Sklaven gemacht habe, als er um seine Mutter trauerte. Er hat nachts bei mir in meinem Zelt geschlafen. Ich habe ihm immer gesagt, dass ich ihn mit zu uns nach Hause nehme.«

Beatus und Amandus waren sehr still geworden. Sie stellten sich vor, was der Junge alles durchgemacht hatte, bevor er heute Abend zu ihnen gekommen war.

»Als ich ihn dann bei den anderen Sklaven abholen ließ, da ist er neben mir nach Hause gelaufen und nicht mehr von meiner Seite gewichen.«

»Und wie soll es weitergehen?«, wollte nun Olivia wissen.

»Er soll wie unsere eigenen Kinder mit uns leben!«, antwortete Laetus. »Ich werde ihm die Freiheit schenken. Er ist ein kluger und liebenswürdiger Junge. Ich möchte ihn zu einem freien Römer erziehen.«

»So ein Römer wie wir?«, fragte Lucius dazwischen. Er hatte gut zugehört.

»Genau so!«, erwiderte sein Vater. »Deshalb habe ich ihm auch einen römischen Namen gegeben. Aus Sigurd wurde Sigurdus. Das Römische Reich ist sehr groß. Und viele, die früher unsere Feinde waren, gehören nun zum Römischen Reich. Gallien, Spanien, Ägypten, Palästina. Alle sind römische Provinzen. Im Laufe der Zeit sind viele Menschen, die früher Gallier, Spanier oder Ägypter waren, römische Bürger geworden.«

»War Nikomedes auch einmal ein Sklave?«, fragte Beatus und dachte daran, wie gut es ihm in seinem Unterricht gefallen hatte.

»Vielleicht seine Eltern oder seine Großeltern«, meinte Olivia. »Nikomedes ist bereits als freier Mann in Rom geboren!«

»Aber Crispinus ist ein richtiger Sklave!«, meinte Lucius.

»Aber nicht mehr lange!«, antwortete Laetus und nickte Amandus zu. »Bestimmt nicht mehr lange!«

Beatus brauchte lange, bis er endlich eine Frage loswurde, die ihm auf der Zunge brannte.

»Und wenn Sigurdus erwachsen ist und doch kein Römer sein will? Schließlich stammt er aus Germanien. Dort lebt ja auch sicher sein Vater noch!«

»Dann ist er frei und muss selbst entscheiden, was er tun will.«

Sie schwiegen lange. Dann räusperte sich Laetus und sagte: »Sein Vater ist ein großer und tapferer Häuptling eines Stammes in Germanien. Wir haben mutig und fair gegeneinander gekämpft. Seinen Sohn haben wir zusammen mit vielen anderen Gefangenen mit nach Rom genommen. Er hätte sich sicher auch um meinen Sohn gekümmert, wenn er in seine Hände gefallen wäre.«

Alle Wege führen nach Rom

Als sich die Jungen dann zum Schlafen legten, war Lucius schnell eingeschlafen. Die beiden älteren Brüder aber hockten noch nebeneinander und sprachen leise. Da war noch etwas, wonach Amandus unbedingt fragen wollte.

»Warum müssen wir immer Feldzüge führen?«, fragte er dann. »Ich soll es Sigurdus erklären!«

»Nicht du!« Beatus schüttelte den Kopf. »Nikomedes!«, Und nach einer Weile: »Du kannst es ihm aber auch erklären!«

Als Amandus verständnislos mit den Schultern zuckte, fragte Beatus: »Weißt du, woher das köstliche Garum gekommen ist, mit dem wir heute die Eiersoße zubereitet haben?«

Amandus nickte. »Von Jucunda in der Hafenstraße!«

Beatus grinste. »Und woher hat es Jucunda?«

»Bestimmt vom Hafen! Es wird mit einem Schiff gekommen sein!«

»Ja, mit einem Schiff aus Afrika oder Spanien. Von den vielen Sachen, die wir Tag für Tag brauchen, kommen nur ganz wenige aus Italia. Wein und Oliven für Öl, die wir hier anbauen, reichen bei weitem nicht aus. Denk nur an die Öllampen, die abends überall angezündet werden. Und Öl gehört zu allem, was wir essen. Wir müssen noch viel Öl aus Südspanien einführen. Aus Gallien kommen die voll beladenen Getreideschiffe, sonst würden hier die Leute verhungern. Für Leder und Wolle, Holz, Gold, Silber und viel anderes Metall brauchen wir unsere Provinzen. Aus dem gesamten Reich werden viele Sachen angeliefert, die man dann bei uns hier kaufen kann.«

»Alle Wege führen nach Rom!« Den Satz kannte Amandus schon lange. Heute begriff er plötzlich, was er bedeutete.

»Wir müssen die Provinzen immer wieder sichern, damit wir überall ohne Gefahr reisen können. Und wir müssen dafür sorgen, dass das Römische Reich noch größer wird. Deshalb schicken wir die Legionen jetzt nach Germanien.«

»Und die Sklaven?«, fragte Amandus noch.

»Es sind Feinde, die wir besiegt und gefangen genommen haben.«

Amandus lauschte. Er hörte Sigurdus auf der Liege neben ihm ruhig atmen. Er schlief fest.

»Jetzt nicht mehr!«, sagte er und streckte sich wohlig aus. Dann war auch er eingeschlafen.

Ein Schiff kommt übers Meer daher

Text: Rolf Krenzer   Musik: Paul G. Walter

Refrain

Ein Schiff kommt ü-bers Meer da-her. Das Schiff ist voll be-la-den. Hat es am Ha-fen fest ge-macht, fragt je-der, was es mit-ge-bracht. – kommt her und lasst uns ra-ten!

Verse

1. Zu-erst die Scha-fe aus Spa-nien. Sie wer-den an Land ge-bracht. Schaut her! Schaut her! Es ist noch mehr als wir es uns ge-dacht.

2. Die edlen Pferde aus Griechenland.
Sie werden an Land gebracht.
Schaut her! Schaut her!
Es ist noch mehr
als wir es uns gedacht!

Zuerst die Schafe aus Spanien,
die edlen Pferde aus Griechenland.
Schaut her! Schaut her!
Es ist viel mehr
als wir es uns gedacht!

3. Köstlichen Wein aus Israel,
der wird nun an Land gebracht.
Schaut her! Schaut her!
Es ist noch mehr
als wir es uns gedacht!
Zuerst die Schafe aus Spanien,
die edlen Pferde aus Griechenland,
köstlichen Wein aus Israel.
Schaut her! Schaut her!
Es ist viel mehr …

4. Wertvolles Glas aus Ägypten,
das wird nun an Land gebracht.
Schaut her! Schaut her!
Es ist noch mehr
als wir es uns gedacht!
Zuerst die Schafe aus Spanien,
die edlen Pferde aus Griechenland,
köstlichen Wein aus Israel,
wertvolles Glas aus Ägypten.
Schaut her! Schaut her!
Es ist viel mehr …

5. Öl und Getreide aus Gallien,
das wird nun an Land gebracht.
Schaut her! Schaut her!
Es ist noch mehr
als wir es uns gedacht!
Zuerst die Schafe aus Spanien,
die edlen Pferde aus Griechenland,
köstlichen Wein aus Israel,
wertvolles Glas aus Ägypten,

Öl und Getreide aus Frankreich.
Schaut her! Schaut her!
Es ist viel mehr …

6. Marmor und Holz aus Lybien,
das wird nun an Land gebracht.
Schaut her! Schaut her!
Es ist noch mehr
als wir es uns gedacht!
Zuerst die Schafe aus Spanien,
die edlen Pferde aus Griechenland,
köstlichen Wein aus Israel,
wertvolles Glas aus Ägypten,
Öl und Getreide aus Gallien.
Schaut her! Schaut her!
Es ist viel mehr …

Schluss:
Kostbare Seide aus Persien,
wird auch noch an Land gebracht.
Und Krüge und Töpfe aus Ton
und teure Parfüms aus Arabien.
Auch Gold gibt es und Silber,
dann Zinn noch und Kupfer.
Es bringt uns so viel davon!

Ein großes Schiff kam übers Meer,
die Wellen schaukeln's leise.
Es hat uns aus der weiten Welt
So viele Schätze mitgebracht.
Auf geht's zur neuen Reise.

Spielanregung

Das Lied lässt sich als kleines Singspiel spontan spielen:

Mehrere Spieler stellen sich in einem Oval auf und bilden so das Schiff, in dem alle weiteren Mitspieler eng gedrängt stehen.

Zur ersten Strophe kommen die Schafe vom Schiff: jeweils zwei Spieler, die aufrecht gehen. Einer ist das Fell und umklammert den zweiten Spieler von hinten

Dann werden die Pferde herausgeführt (jeweils 2 Spieler stellen ein Pferd dar).

Zur dritten Strophe tragen wir einen angedeuteten schweren Tonkrug mit beiden Händen oder auf dem Kopf.

Das wertvolle Glas wird durch den besonders behutsamen Umgang mit ihm verdeutlicht: Wir stellen uns vor, ein Tablett mit wertvollen Gläsern zu tragen.

Das Öl wird durch Amphoren oder andere Kannen angedeutet. Und das Korn wird in schweren Säcken auf dem Rücken herbeigebracht.

Zur letzten Strophe geben sich alle Spieler die Hände und schreiten im Kreis.

Ein Haus am Akazienhain

»Heute Abend feiert Vater mit seinen Freunden!«, sagte Olivia bereits am Morgen. Und bald darauf begann ein emsiges Treiben. In der Küche wurden große Braten zubereitet, die unterschiedlichsten Gerichte wurden gekocht und der beste Gewürzwein schon bereitgestellt.

In dem Raum, in dem heute Abend das Gelage sein sollte, übten bereits die Musikanten auf ihren Instrumenten. Trommeln und Flöten, Harfen und eine Lyra (Leier) wurden von Kastagnetten und dem Tambourin begleitet. Amandus schlich heimlich in den Saal und hockte sich neben einen Musikanten, der in sich selbst versunken auf seiner Panflöte spielte. Es gab nichts Schöneres für ihn.

Auch ein Sänger war da, der zu seinem Lied von der Lyra und der Harfe begleitet wurde. Als er zu singen begann, kamen auch die anderen hinzu.

»Höre es dir gut an!«, flüsterte Beatus Sigurdus zu. »Es ist die uralte Sage von Romulus und Remus, die alle Römer kennen!« Später kam Emil und wollte Amandus zum Spielen abholen. Schüchtern und voll tiefer Ehrfurcht stand er vor Amandus' Vater. Schließlich war er dabei gewesen, als Laetus mit seinen Legionären durch den Triumphbogen gekommen war.

Laetus begrüßte ihn und fragte, wo er wohnte. Als er von der kleinen Villa hörte, nahm Laetus sich die Zeit und wollte immer mehr wissen.

»An einem Zypressenhain?«, fragte er. Und als Emil nickte, meinte Laetus: »Woher bekommt ihr euer Wasser?«

»Es fließt ein kleiner Bach hindurch. Da haben wir immer frisches Wasser. Wir und Varus mit seiner Familie.« Er unterbrach sich. »Nein, Varus ist weggezogen. Er hat sich einen Landsitz weit vor der Stadt zwischen Zypressenhainen und Weinbergen gekauft. Die Villa steht jetzt leer.«

»Oh!«, sagte Olivia nur und blickte ihren Mann viel sagend an. Offensichtlich wusste sie mehr als die Kinder.

»In der nächsten Woche werde ich mich gleich darum kümmern!«, erwiderte Laetus.

»Würdest du sie vielleicht kaufen?« Beatus konnte es nicht fassen.

»Grüße deinen Vater von mir!«, sagte Laetus nur. Er wandte sich an Amandus.

»Crispinus soll euch begleiten!«

»Crispinus ist mit Sigurdus fortgegangen«, unterbrach ihn seine Frau. »Er will ihm ein bisschen von Rom zeigen.«

»Mein Sklave wartet unten!«, sagte Emil höflich.

Dann stürmten die beiden Jungen davon. Unten an der Treppe blieb Emil plötzlich stehen. »Sag mal, wer ist Sigurdus?«, fragte er erstaunt.

»Er gehört jetzt zu uns und du wirst ihn noch kennen lernen.« Mehr wollte Amandus jetzt nicht verraten.

Oben aber bestürmten Beatus, Lucius und Ursula ihren Vater. »Sag, willst du ein Haus kaufen? Ziehen wir hier aus?«

Laetus lachte nur. Schließlich sagte er: »Vielleicht! Wenn es nicht zu teuer ist!«

»Vielleicht das Haus bei Emil?«, fragte Beatus aufgeregt.

»Vielleicht! Ich will es mir jedenfalls ansehen!«

»Da haben wir einen Garten!«, rief Lucius. Laetus nickte.

»Da haben wir viel Platz zum Spielen!« Wieder nickte Laetus.

»Und dann bekomme ich das Eselchen mit dem kleinen Wagen!«

»Wer?«

»Ich!«

»Wie kommst du darauf?«

»Du hast es mir versprochen, Vater!«

Lucius stemmte die Arme in seine Hüften und pflanzte sich vor seinem Vater auf.

»Wenn wir eine Villa mit einem Garten haben!«

Da packte Laetus seinen kleinen Sohn und hob ihn hoch. »Ja!«, sagte er. »Und wenn wir uns das neue Haus ansehen, dann darfst du mitkommen!« Er wandte sich lachend an alle. »Ihr natürlich auch!«

Zu den Geschichten dieses Buches

In den Geschichten dieses Buches wird von Kindern und Erwachsenen erzählt, die ungefähr zu Anfang des 1. Jahrhunderts nach Christi Geburt in Rom gelebt haben könnten. Es wird berichtet, was diese Kinder erlebten, wie sie lebten, was sie aßen und tranken, was ihnen Freude bereitete und ihnen Sorgen machte. Vieles, was im Text genannt und beschrieben wurde, findet man in den Illustrationen wieder. Es war die Zeit, in der die Römer an ihre Götter glaubten, die sie zum Teil aus anderen Religionen übernommen hatten. Der römische Götterhimmel war dicht besiedelt und das Christentum war noch kaum bekannt.

Vieles gab es damals schon, was wir heute auch noch kennen. So spielen wir heute noch auf Musikinstrumenten, die in ähnlicher Weise bereits von den Römern benutzt wurden. Und die Römer hatten sie bereits auch schon von anderen Völkern übernommen, z. B. von den Griechen, den Persern und Ägyptern. Manches Gemüse steht auch bei uns auf dem Tisch. Wir garen im »Römertopf« und würzen mit all den Kräutern, die auch die Römer benutzten. Gelegentlich auch mit Sardellenpaste, die so ähnlich wie damals das *Garum* schmecken dürfte. Schüler haben einmal im Grundkurs Latein einige Rezepte aus dem damals berühmten »Kochbuch des Apicius« nachgekocht. Zwei davon habe ich selbst ausprobiert. Beide sind auch im Buch enthalten und können nachgekocht werden: *Ovum Elixum* (gekochtes Ei mit einer Soße aus Pinienkernen und Kräutern) und *Dulcia*, ein köstlicher süßer Nachtisch (vgl. S. 78).

Auch unsere Monatsnamen haben wir von den Römern übernommen, wenn auch unser Jahr mit dem Januar (JANUARIS nach dem Gott Janus) beginnt, der nach dem römischen Kalender der elfte Monat war. Im Rom begann das Jahr mit dem MARTIUS, der seinen Namen nach dem Gott Mars hatte, unserem März. Der zweite Monat APRILIS (aufblühend), dann MAIUS nach der Göttin Maja usw.

Vieles, was wir von damals wissen, haben wir aus Büchern erfahren, die zu jener Zeit geschrieben wurden. Anderes haben wir bei Ausgrabungen gefunden. Auch das Spielzeug, das in diesem Buch beschrieben wird, kennen wir von Ausgrabungen. Manchmal war es sogar abgebildet.

Wenn wir nun schildern wollen, wie die Menschen damals wirklich lebten, dann gehen die Meinungen der Wissenschaftler darüber, wie sich das Leben im 1. Jahrhundert tatsächlich abspielte, oft auseinander. Und über Kinder finden wir nicht sehr viel in den alten Quellen. In dem hier geschilderten Haushalt eines wohlhabenden Römers traf in der Ehe der Mann die Entscheidungen. Die Frau aber war für den Haushalt und die Sklaven verantwortlich. So unterwies sie beispielsweise ihre Töchter darin, was sie als Ehefrauen können mussten.

Es war aber auch nicht ungewöhnlich, dass Frauen arbeiteten. Viele halfen im Geschäft ihres Mannes oder hatten selbst eines.

Weil ich nicht alles so authentisch aufschreiben konnte, wie es wirklich war, habe ich es so geschrieben, wie es vielleicht gewesen sein könnte. Damals, als Amandus und Beatus, Rufus und Emil und schließlich auch der kleine germanische Sklave in Rom lebten. Sicher ist, dass es Schulen gab und körperliche Strafen gehörten auch dazu. Die Eltern mussten dem Lehrer Schulgeld bezahlen. Nur wer sich das leisten konnte, konnte sein Kind zur Schule schicken. Daneben gab es noch wesentlich teurere Privatschulen.

Die reichen Römer hatten Diener und Sklaven. So gut wie die Sklaven bei Amandus zu Hause hatten es bestimmt nicht alle. Wir wissen aber, dass es immer wieder römische Herren gab, die ihren Sklaven die Freiheit schenkten. Deshalb ist die Situation des kleinen Sigurdus im Haus des

Laetus gar nicht so abwegig. Andere Sklaven haben sich ihre Freiheit als Wagenlenker im Circus Maximus selbst erkauft oder als todesmutige Gladiatoren im Kolosseum selbst erkämpft.

Bei all den vielen wissenswerten und wichtigen Einzelheiten und Zusammenhängen, die man von Rom erzählen möchte, ist es doch nur ein kleiner Ausschnitt des römischen Lebens, der so verpackt werden kann, dass er bereits jüngeren Kindern zugänglich wird und Raum gibt zu vielen weiteren Fragen und Gesprächen.

So sollen die Geschichten Interesse für einen geschichtlichen Abschnitt wecken, für Menschen, die in dieser Zeit gelebt haben können. Das Besondere daran ist, dass hier ein Bild römischen Lebens aus dem Blickwinkel von Kindern dargestellt wird.

Um hier emotional und erlebnishaft weiterzuarbeiten, kann das Thema Römer auf diese Weise bereits in der Abschlussgruppe des Kindergartens wie in der Grundschule auf großes Interesse stoßen. Vierzehn Tage in den Mittelpunkt gestellt und erlebt und erspielt, können so ganz neue Bezüge zu geschichtlichen Inhalten vermittelt werden, die weit über die Grundschulzeit hinaus wirken können.

Von Rittern, Indianern und Wikingern

ISBN 3-7707-3073-9   ISBN 3-7707-3065-8   ISBN 3-7707-3087-9

Jeder Band mit zahlreichen farbigen Illustrationen von Mathias Weber
Gebunden, 96 Seiten
Format: 21,5 x 24 cm
24,90,– DM / 23,– sFr. / 182,– öS
Ab 5 Jahre

Dazu jeweils die CD und MC

Titel-Nr.   Titel-Nr.   Titel-Nr.
CD 3-7707-4206-0   CD 3-7707-4205-2   CD 3-7707-4207-9
MC 3-7707-4203-6   MC 3-7707-4202-8   MC 3-7707-4204-4